विश्व रिकॉर्ड धारक
अंतरराष्ट्रीय साहित्यिक मंच

KB Writers

की प्रस्तुति

साझा काव्य संग्रह

आचार्या नीरू शर्मा, कुमार सतीश,
चन्दन केशरी

www.kbwriters.com

KB Writers

बाबुबाँक, झाझा, जिला - जमुई (बिहार) 811308
website :- www.kbwriters.com
email :- kbwritersofficial@gmail.com
Call :- 8873000900

चन्दन केशरी
संस्थापक एवं संपादक

कुन्दन केशरी
अध्यक्ष एवं संचालक

आचार्या नीरू शर्मा
संपादिका

कुमार सतीश
संपादक

हमारी विशेषताएँ

- विश्व रिकॉर्ड धारक साहित्यिक मंच
- 47 से अधिक देशों से हमारे पाठक
- 10 से अधिक देशों से हमारे रचनाकार
- जुलाई 2020 से निरंतर कार्यरत
- विभिन्न पुस्तकें प्रकाशित

प्रकाशन वर्ष :- 2024

प्रस्तावना

प्रिय साथियों,

के० बी० राइटर्स अंतरराष्ट्रीय साहित्यिक मंच की पुस्तक "कलम से इतिहास लिखेंगे" आप सभी के सम्मुख प्रस्तुत है। इस पुस्तक में कुल 67 रचनाकारों की रचनाएँ सम्मिलित हैं। इस संग्रह के संपादक आचार्या नीरू शर्मा, कुमार सतीश व चन्दन केशरी हैं।

इस पुस्तक में संकलित रचनाएँ समृद्ध, सुंदर और प्रेरणादायक हैं। पुस्तक में प्रकाशित सभी रचनाएँ प्रेम, प्रकृति, जीवन, समाज, धर्म, राष्ट्र आदि विविध विषयों पर लिखी गई हैं। सभी रचनाएँ अलग-अलग विषयों पर लिखी जाने के कारण यह पुस्तक आपको अवश्य पसंद आएगी।

"कलम से इतिहास लिखेंगे" संग्रह एक ऐसी पुस्तक है जो हर उम्र के पाठकों को अपनी ओर आकर्षित करती है। इस पुस्तक में विभिन्न प्रकार की भावनाओं का समावेश है।

हमें आशा है कि आप सभी इस पुस्तक को भी वैसा ही प्यार और आशीर्वाद प्रदान करेंगे जैसा हमारी अन्य पुस्तकों, त्रैमासिक पत्रिका एवं विशेषांकों को देते आए हैं। आपके बहुमूल्य व महत्वपूर्ण सुझावों एवं समीक्षाओं की हमें सर्वदा प्रतीक्षा रहेगी।

धन्यवाद

सम्पादकीय

कलम ने महकाया है जीवन का हर पल,
कलम ने सिखाया है जीने का ढंग,
कलम ने दिखाई शिक्षा और ज्ञान की राह,
चलो! अब हम मिलकर कलम से इतिहास लिखेंगे।।

हार्दिक अभिनंदन सुधीजनों!

हिंदी भाषा तथा साहित्य साधना के पथ पर निरंतर अग्रसर होते हुए आपका प्रिय विश्व रिकार्ड धारक अंतरराष्ट्रीय साहित्यिक मंच 'के० बी० राइटर्स' अनेकानेक विषय-केंद्रित तथा त्रैमासिक ई-पत्रिका जागृति के संग 32 पुस्तकों का सफल प्रकाशन करके अब 33वीं पुस्तक 'कलम से इतिहास लिखेंगे' आप सभी के समक्ष प्रसन्नतापूर्वक प्रस्तुत कर रहा है।

स्नेहीजनों, जिस प्रकार सितारों के संग आसमान की ख़ूबसूरती में चार चाँद लग जाते हैं और चाँद की भी सुंदरता बढ़ जाती है उसी प्रकार आप सभी रचनाकारों और प्रबुद्धजनों के साथ व आपकी अनमोल रचनाओं के कारण आपके अपने के० बी० राइटर्स मंच की इस नई पुस्तक 'कलम से इतिहास लिखेंगे' की महत्ता व ख़ूबसूरती बढ़ गई है।

प्रिय प्रबुद्धजनों, मैं के० बी० राइटर्स की टीम सहित सभी विद्व रचनाकारों को उनके उत्तम कृतित्व व सहयोग के लिए अंतर्मन से धन्यवाद करते हुए उनकी सफलता, ख़ुशियों व उमंग भरे जीवन की कामना करती हूँ।

प्रिय स्नेहीजनों, हम सभी को पूर्ण विश्वास है कि हमारी अन्य पुस्तकों की तरह इस नवीन पुस्तक को भी आपका अधिकाधिक स्नेह व आशीर्वाद अवश्य प्राप्त होगा।

धन्यवाद

- आचार्या नीरू शर्मा

सम्पादिका

सम्पादकीय

साहित्य पथ सृजन हो, नव संवत्सर निर्माण।
शब्द मोती हृदय बसें, निकले अविरल धार।।
निकले अविरल धार, मिले आनंद रस सत्य।
ध्येय जग कल्याण हो, मैं तो सिमरुं यही नित्य।।
करूँ सदा कर्म यही, फसल लगे सुन्दर सदा।
बीज गिरें शब्दों के, फलीभूत हो साहित्य ।।

प्रिय सुधी पाठकों,
सप्रेम अभिनंदन।

अंतरराष्ट्रीय मंच "के० बी० राइटर्स" के अनथक प्रयासों और आप सबके सहयोग से मंच की 33वीं पुस्तक साझा काव्य संग्रह "कलम से इतिहास लिखेंगे" आपके हाथों में सौंपते हुए अतीव प्रसन्नता का अनुभव हो रहा है।

इस पुस्तक को देश-विदेश के अनेक रचनाकारों ने अपनी श्रेष्ठ रचनाओं से संजोया है। इन विद्वान रचनाकारों ने भिन्न-भिन्न रचनाओं की भाव-प्रधानता द्वारा अपनी रचनाधर्मिता का परिचय दिया है। कहते हैं "साहित्य समाज का दर्पण होता है"। हिन्दी की सेवा में जुटे इन सब हिन्दी-मनीषियों ने इस कहावत को पूर्णतः चरितार्थ करने का प्रयास किया है।

साहित्य कभी भी व्यर्थ नहीं होता ; अपितु यह समाज के लिए एक महती भूमिका निभाता है। साहित्य समाज का मार्गदर्शक भी होता है जो समय-समय पर अच्छे-बुरे का मूल्यांकन करता है। आशा है आपको यह पुस्तक पसंद आएगी। आपके बहुमूल्य विचारों और सुझावों का सदैव स्वागत रहेगा ।

धन्यवाद

- कुमार सतीश

सम्पादक

सम्पादकीय

प्रिय पाठकों,

आपका अपना विश्व रिकॉर्ड धारक अंतरराष्ट्रीय साहित्यिक मंच के० बी० राइटर्स आज आप सभी पाठकों के सम्मुख इस साझा काव्य संग्रह "कलम से इतिहास लिखेंगे" के साथ उपस्थित है।

यह पुस्तक देश-विदेश के श्रेष्ठ रचनाकारों की रचनाओं का समावेश है। सभी रचनाकारों की लेखन शैली, दृष्टिकोण के साथ-साथ रचना के विषयवस्तु में भी विविधता होने के कारण यह पुस्तक अनेकता में एकता को भी प्रदर्शित करती है।

कहते हैं कि साहित्य हमारे जीवन का अभिन्न अंग है, यह न सिर्फ हमारा ज्ञान बढ़ाता है अपितु समाज को भी उचित मार्ग पर ले जाता है। इस पुस्तक में भी रचनाकारों ने अपनी रचनात्मकता के माध्यम से समाज को उचित मार्ग दर्शाने का कार्य किया है।

प्रत्येक पुस्तक का उद्देश्य यही होता है कि वह पाठकों के हृदय तक पहुँचे एवं पाठक उस पुस्तक को अपना स्नेह एवं आशीष प्रदान करे। यह पुस्तक भी आप सभी पाठकों के स्नेह एवं आशीष की अभिलाषी है। हमें आशा ही नहीं बल्कि पूर्ण विश्वास है कि यह पुस्तक भी आप सभी को अवश्य पसंद आएगी।

धन्यवाद

- चन्दन केशरी

सम्पादक

आभार

प्रिय साथियों,

किसी भी पुस्तक का प्रकाशन एवं सफलता बिना सबके सहयोग के संभव नहीं है। के० बी० राइटर्स अंतरराष्ट्रीय साहित्यिक मंच उन सभी विद्वान एवं कुशल रचनाकारों के प्रति हृदयतल से आभार व्यक्त करता है जिन्होंने अपने अनुपम एवं हृत्प्रिय रचनाओं से इस साझा काव्य संग्रह "कलम से इतिहास लिखेंगे" को दैदीप्यमान कर दिया।

हमारा मंच उन सभी सहयोगियों के प्रति भी अंतस से आभार व्यक्त करता है, जिन्होंने प्रत्यक्ष या परोक्ष रूप में इस साझा काव्य संग्रह के प्रकाशन में अपना अप्रतिम सहयोग प्रदान किया।

हमारा मंच उन सभी पाठकों का भी आभारी है जिन्होंने इस संग्रह का अवलोकन कर इसे हृदयस्थ कर आशीर्वाद दिया।

आगे भी हमारा मंच आप सबके सहयोग से एक से बढ़कर एक उत्कृष्ट काव्य / कहानी संग्रहों का प्रकाशन कर हिन्दी साहित्य के उत्थान में अपना शुचि योगदान प्रदान करता रहेगा।

पुन: आभार सभी का।

- कुन्दन केशरी

(अध्यक्ष एवं मंच संचालक)

के० बी० राइटर्स अंतरराष्ट्रीय साहित्यिक मंच

विषय सूची

आइए!
शुरु करते हैं...

कलम से इतिहास लिखेंगे

वी० एन० वी० पद्मावती
(पता :- हैदराबाद, तेलंगाना)

कलम वही जो साथ दे, लाख जतन कर कोय।
संवेदनाओं का पर्व, शुरू यहीं से होय।।

लेखिनी माया करें जो, कोई करे न दूजा ।
अक्षर में जो ओज है, सुलक्षण बनें पूजा। ।

शिक्षा से है ये जिंदगी, कलम सिखाए पाठ।
कलम से इतिहास लिखें, चार पहर या आठ ।।

संगति भली हो बनोगे, कृष्ण कहो या राम।
सच्चरित्र की जिंदगी, सद्धर्म पर विश्वास। ।

कलम पर आस्था रखो, सरस्वती मिल जाय।
सरस्वती जहाँ रहेंगी, लक्ष्मी दौडी आय।।

पहले लिखो कागज पर, कलम करे ऐसा कमाल।
तुझे तू पहचाने ना, पंडित या हो विद्वान।।

कलम का करतब देखो, क्षर न अक्षर होय।
अक्षर पढ विद्यार्थी बन, दुनिया पढता जाय।।

कलम की दास्तान कहे, मेरी भी सुनी जाय।
कलम का धनी जो बने, वह ही गुणी कहाय ।।

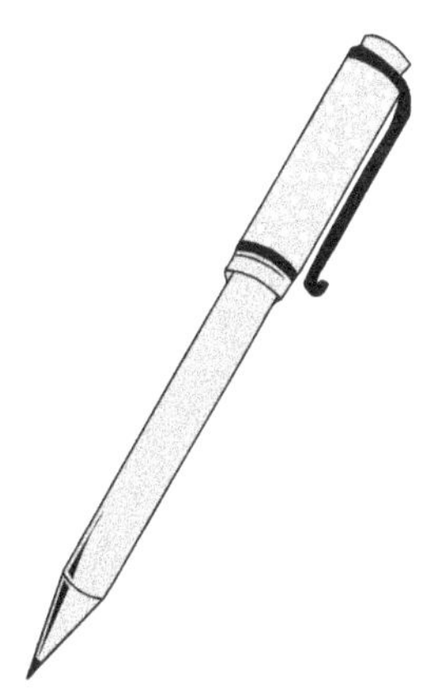

९ अप्रैल शौर्य दिवस

गणपत लाल उदय
(पता :- अजमेर, राजस्थान)

केंद्रीय रिजर्व पुलिस बल में यह दिन भी है ख़ास,
असाधारण कार्य करके रचा जवानों ने इतिहास।
ऐसा रचा इतिहास कि लड़ते रहे वो अंतिम श्वास,
साल था वह १९६५ ये ०९ तारीख अप्रैल मास।।

शौर्य दिवस से जानते हैं आज हम सभी जिसको,
छोटे समूह ने धूल चटाया अनगिनत दुश्मनों को।
अविश्वस्नीय साहस दिखाया मार-भगाया उनको,
लक्ष्य हासिल नहीं करने दिया पाक शत्रुओं को।।

ब्रिगेड थी पूरी हथियार भी उनके पास आधुनिक,
केवल १५० जाँबाज लड़ते रहे अपने लक्ष्य तक।
सेवा और निष्ठा है जिनका प्रथम-परम ये कर्तव्य,
१२ घंटों में हार मान ली पाक सैनिक गए थक।।

तब से प्रतिवर्ष मनाता है के.रि.पु.बल यह दिवस,
कच्छ के गुजरात में दिखाया जिसने यह साहस।
३४ घुसपैठियों को मार-गिराया चार ज़िंदा पकड़े,
लेकिन अपने ६ जवानों ने शहादत दी हँस-हँस।।

इस दिन उन वीर शहीदों को श्रद्धांजलि दी जाती,
उनकी वीरता सम्मान में प्रतियोगिता रखी जाती।
सभी राज्यों की पुलिस इस रोज उत्सव है मनाती,
स्मारकों पर हार चढ़ाकर बहादुरी गाथा सुनाती।।

काली मिर्च

गणपत लाल उदय
(पता :- अजमेर, राजस्थान)

काली है वह रूप से लेकिन है बहुत गुणकारी,
प्रकृति की जो देन है पीड़ा हर लेती वो भारी।
हर घर में मिल जाती है वो आसानी से हमारे,
ज़ायका खाने में बड़ा देती दूर करती बीमारी।।

दक्षिण भारत में ख़ासकर जिसकी खेती होती,
उसके उत्पाद से जनता ज़्यादा मुनाफा पाती।
काली मिर्च के नाम जानता सारा विश्व इसको,
मधुर वाणी के साथ-साथ याद्दाश्त ये बढ़ाती।।

किसी भी तरह के कैंसर से हमको ये बचाती,
त्वचा से जुड़ी समस्याओं में सुधार यह लाती।
वजन घटाकर डिप्रेशन से भी निज़ात दिलाती,
मस्तिष्क एवं बालों को फ़ायदा यह पहुँचाती।।

शादी हो या शाही भोज अथवा बनाएँ आचार,
पाचन शक्ति ये बढ़ाकर लाती स्वास्थ्य सुधार।
कभी हँसाती कभी रुलाती साथी करो विचार,
०१ हजार में किलो आती होता खूब व्यापार।।

एक पौधे से एक किलो लगभग ये प्राप्त होती,
बारह माह उपज पौधों से हमें वो प्राप्त होती।
रोपण के ०३ वर्ष पश्चात उपज ये आने लगती,
मसालो में फसलों का राजा इसे कहा जाता।।

नींबू

गणपत लाल उदय
(पता :- अजमेर, राजस्थान)

गैस, एसिडिटी और पेट-दर्द पलभर में दूर करता,
जिसके स्वाद एवं ख़ुशबू से हमें ताज़गी मिलती।
कहते हैं यह मृत-व्यक्ति को भी ज़िंदा कर देता,
अगर उसके अंदर उसका यह बीज नहीं होता।।

पीले रंग का होता ये लगता झाड़-काँटों के बीच,
मसूड़ों से ख़ून आने वाली समस्या करता सीज़।
जान लेना सबसे पहले जिसके फ़ायदे-नुकसान,
५० से १०० वर्षों तक जीवित रहता पेड़ बीज।।

सुंदर-त्वचा बनाकर यह कम करता है वजन भी,
पाचन-शक्ति सुधारकर करता बवासीर मदद भी।
ऊँचे स्तर पर देता है ये हम सबको विटामिन सी,
मसूड़ों की परेशानी में होता है ये मददगार भी।।

सलाद, अचार एवं सब्ज़ी में भी इसे लेते हैं काम,
अनेक स्वास्थ्य के रोगो में यह पहुँचाता आराम।
गुर्दे पथरी, हृदय एनीमिया, कैंसर में करता काम,
सिट्रस लिमन वैज्ञानिकों ने दिया जिसको नाम।।

इम्यून-पावर मज़बूत बनाता कई इसके उपनाम,
दीर्घायु का प्रतीक है सीमित मात्रा में लेवें काम।
सदाबहार झाड़ी में लगता पीला खट्टा है ये फल,
सुबह गर्म पानी में पीना करेगा अच्छा ये काम।।

अपने घर का वैद्य

गणपत लाल उदय
(पता :- अजमेर, राजस्थान)

इन घरेलू नुस्खों को सब लोग आज़माकर देखना,
अपने-अपने घर का वैद्य आप ख़ुद ही बन जाना।
हालात चाहे कैसे भी हो न बीमारियों से घबराना,
सवेरे जल्दी उठकर हल्के व्यायाम ज़रुर करना।।

खाँसी में काली-मिर्च और शहद मिलाकर चाटना,
जलने पर मेथी-दाने का यह लेप पीसकर लगाना।
धूम्रपान छुड़ाने हेतु सौंफ घी में सेक कर खिलाना,
उल्टी है तो लौंग उबालकर पानी उसे पिलाना।।

पेट के दर्द में अजवाइन-नमक मिलाकर के पीना,
अगर बुखार पुराना है तो ये जीरा गुड़ संग खाना।
मोच आने पे गर्म पानी में नमक डालकर पी लेना,
जोड़ों के दर्द में अदरक रस गर्म करके लगाना।।

मूत्र-जलन में छोटी-इलायची चूर्ण पानी संग लेना,
चक्कर आने पर सौंफ में चीनी-डालकर ये खाना।
कब्ज़ दूर करने के लिए हरड़ खाकर दूध पी लेना,
माता निकलने पे लौंग चूर्ण शहद के संग खाना।।

अगर निमोनिया है तो हींग पानी में घोलकर लेना,
हिचकी रोग में अदरक डली मुँह में लेकर चूसना।
मौसम परिवर्तन में काली-मिर्च सब्जियों में खाना,
तोतलापन में दाल चीनी चबाकर के तुम चूसना।।

अगर सेहतमंद रहना है तो हँसते ज़रुर तुम रहना,
अपने इम्यून सिस्टम को मजबूत बनाकर रखना।
हँसने से होती है अंदरुनी हिस्से-पुर्जों की कसरत,
हँसकर ही हाई-बीपी, डायबीटिज कंट्रोल करना।।

इन सबका ध्यान रखना क्योंकि पेट है ये अपना,
थोड़ा कम खा लेना लेकिन पेट को बढ़ने न देना।
इन होटल-ढाबों का खाना कोई कभी नहीं खाना,
क्योंकि नकली सामान है मिलावट का ज़माना।।

अंतर्राष्ट्रीय पुष्कर मेला

गणपत लाल उदय
(पता :- अजमेर, राजस्थान)

अंतर्राष्ट्रीय पुष्कर मेले का अब हो गया है आगाज़,
जिसके पीछे है कई पौराणिक कहानियाँ एवं राज़।
हिंदू कैलेंडर के अनुसार कार्तिक पूर्णिमा को आता,
बढ़-चढ़कर हिस्सा लेते इसमे सामुदायिक समाज।।

अक्टूबर-नवंबर महीने में यहाँ लगता है भव्य मेला,
पहाड़ियों के बीचों-बीच बसा है जो अजमेर जिला।
इस मेले को पुष्कर ऊँट मेले से भी पहचाना जाता,
जिसे देखने आते देश विदेशों से पुरुष एवं महिला।।

इस मेले का इतिहास देखें तो ये सौ साल से पुराना,
विशाल मैदान में होता लोक-संस्कृति गाना-बजाना।
हाथी, घोड़े, ऊँट, गाय, बैल को खरीदते एवं बेचते,
लगा रहता यहाँ पर्यटकों का सदैव ही आना-जाना।।

इस-रोज़ पुष्कर झील में जो व्यक्ति डूबकी लगाता,
सौ-तपस्या के बराबर उन सबको आशीष मिलता।
जन्म-जन्म के सारे पाप यह पवित्र डूबकी धो देती,
हिंदुओं का पवित्र तीर्थस्थल-पुष्करराज कहलाता।।

सुख-शांति मोक्ष की यहाँ पर होती सभी को प्राप्ति,
उगता सूर्य प्रमाण है जिसको सारी दुनिया जानती।
५२ घाटों के साथ है ये अर्धवृताकार झील यहाँ की,
मिलती है इस पावन धरती पर आध्यात्मिक शांति।।

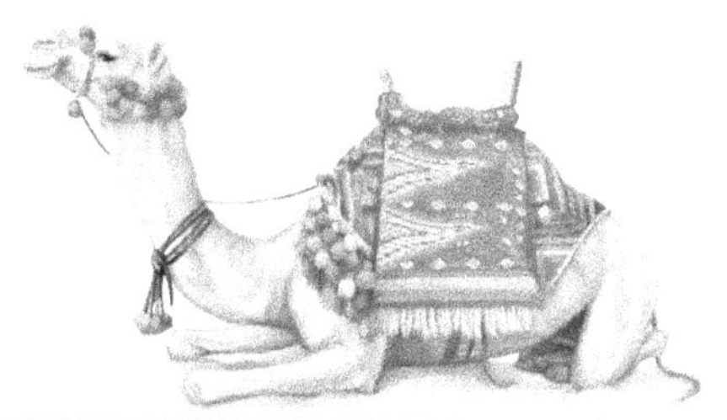

ज़िंदगी पुकारती है

पंकज सिंह दिनकर (अर्कवंशी)
(पता :- लखनऊ, उत्तर प्रदेश)

ज़िंदगी पुकारती है ज़िंदगी को बार-बार।
ज़िंदगी को ज़िंदगी से मोहब्बत है बार-बार।
कुछ दुख, कुछ सुख, जीवन का दस्तूर है।
ज़िंदगी संघर्ष को दोहराती है बार-बार।

तन्हाईयाँ ज़िंदगी में आती हैं बार-बार।
ज़िंदगी परीक्षा लेती है बार-बार।
ठोकरें भी ज़िंदगी का हिस्सा है यारों।
ज़िंदगी,ज़िंदगी से मुखातिब है बार-बार।

अवसर ज़िंदगी में मिलते हैं बार-बार।
कठिन हालातों से गुज़रते हैं बार-बार।
लड़ा जो समय से वही जग में जीता।
ज़िंदगी,ज़िंदगी से प्यार करती है बार-बार।

अक्सर नए मोड़ आते हैं बार-बार।
वक्त पर अपने ही दगा देतें हैं बार-बार।
सही जिसने नफ़रत,सही जिसने निंदा।
"दिनकर" के जैसे चमकता वह शानदार।।

मुस्कुरा के नहीं गया

बिनोद कुमार सिंह
(पता :- गोपालगंज, बिहार)

वो गया भी तो यार मुस्कुरा के नहीं गया ।
नजरें झुकी थी आँख मिला के नहीं गया ।।

आता तो रोज था मिलने लेकिन उस दिन ।
सबसे मिला था पर मुझे बताकर नहीं गया ।।

रोशनी में भी तो अब तारीकियां बहुत है ।
बोला मिलेंगे पर पता बताकर नहीं गया ।।

सामने ही रहता है गली के उस पार लेकिन ।
अफ़सोस तो यही है खत जलाकर नहीं गया ।।

दिल तो रोता है पर आँसू नहीं आ रहें आज ।
चलो ठीक है सच में झूठ मिलाकर नहीं गया ।।

निगाहें झुकी थी दर्द तो था उसको भी शायद ।
बस रुखसती में वो हाथ मिलाकर नहीं गया ।।

कौन जाने जमाने कैसे आयेंगे कल परसों ।
ग़म यही है यही बात समझाकर नहीं गया ।।

वक़्त किसी का दोस्त नहीं समझ लो "बिनोद "।
रूबरू तो था देखा, सच बताकर नहीं गया ।।

जीवन अनंत संघर्ष

लक्ष्मीनारायण धिरहे
(पता :- हसौद, सक्ति, छत्तीसगढ़)

कभी चंचल ये तन हुआ,
कभी विचलित ये मन हुआ..
कभी निराशा-सा गट्ठर लिए,
कभी हर्ष का संगम लिए..
ये जीवन अनंत संघर्ष हुआ।।

कभी आँखों में अश्रु-सा छलका ,
कभी दुख में, कभी सुख में झलका..
आँखों में ये असार लिए ,
ये जीवन अनंत संघर्ष हुआ।।

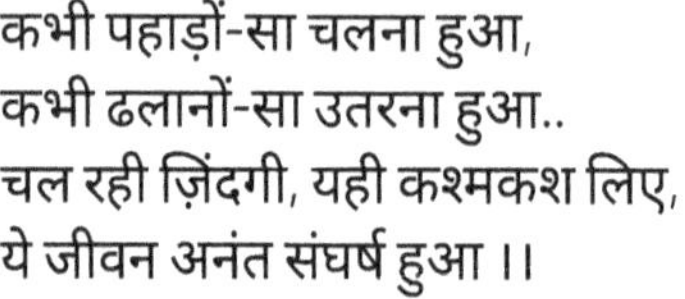
कभी पहाड़ों-सा चलना हुआ,
कभी ढलानों-सा उतरना हुआ..
चल रही ज़िंदगी, यही कश्मकश लिए,
ये जीवन अनंत संघर्ष हुआ ।।

कभी बढ़ना हुआ, कभी रुकना हुआ,
गिर कर उठना, उठकर चलना हुआ..
न रुकने, न झुकने का आह्वान लिए,
ये जीवन अनंत संघर्ष हुआ।।

कभी इंकार हुआ, कभी स्वीकार हुआ,
कभी बना काम का, कभी बेकार हुआ..
साहस, धैर्य का प्रमाण लिए..
फिर मन में ये नित प्राण लिए,
ये जीवन अनंत संघर्ष हुआ।।

रज: स्त्राव

हिना मलिक
(पता :- सोनीपत, हरियाणा)

मेघ- घटायें आसमान में,
बहती यों काली ।
छुपा ली है घूँघट में,
ज्यों सूरज की लाली ।।

धरा पर उतरेंगी जब,
परियाँ आसमान से ।
पवन- रथ को सुनकर,
द्रुम बजायेंगे ताली ।।

रंग- सुंदर कोमल कलियाँ,
हैं तत्पर महकाने को ।
कंठ उठाकर देख रही ,
इंतज़ार समय सुहाने को ।।

प्यास धरा की मिट जाये
थोड़ा- सा पावन हो संसार ।
कोई समझेगा आँसू बूँदों को,
तो कोई अम्बर- जमीं का प्यार।।

सुहाना होगा समय,
सावन भी सुहायेगा ।
चहकेगी चिरैया और नाचेगा मयूर,
हरियाली के फूलों पर मधूप गुनगुनायेगा ।।

क्या जानूँ, क्या लिखूँ ?
ऐ रज:स्त्राव तेरी सुंदरता ।
मिलन होगा सावन से जब,
मेरा अंत:करण खिलखिलाएगा ।।

चला क्रांति की बयार

विजय पाल
(पता :- पंचकूला, हरियाणा)

कब तक सहेगा ऐ साथी, तू कमर कस हो जा तैयार ।
जल्दी उठ ऐ भूखे मजूरे, अपने दुश्मन को ललकार ।
उनकी तिजोरी भरी है तूने, तेरा रहा लुटता घर-बार ।
उनके महल बनाए तूने, तुझ पर पड़ी काल की मार ।।

गोदाम उनके भरे हैं तूने, भूखा रहा तेरा परिवार ।
तेरी ही मेहनत के दम पर, लगा है दौलत का अंबार ।
उनकी सारी शानो-शौकत, तेरे ही कंधों पे सवार ।
कुछ तो करना होगा साथी, जल्दी बना अपना विचार ।।

कब तक चुप रहेगा साथी, कब तक सहेगा उनकी मार ।
अब तो सहना छोड़ दे तू, जालिम का ये अत्याचार ।
उनसे लड़ना है जो मजूरे, चला क्रांति की बयार ।
पूरी लगन से लड़ा तो साथी, होगी उनकी पक्का हार ।।

व्यथा

भोला शरण प्रसाद
(पता :- नोएडा-150, उत्तर प्रदेश)

मैं शिक्षक हूँ, सुर सजाने का साज बनाता हूँ।
हर रोज नए परिंदे को बाज बनाता हूँ।
दिनभर श्रम करता हूँ,
शिकवे सबके दूर करता हूँ,
और हिम्मत है इतनी,
मैं दुनिया बदलने की आवाज बनाता हूँ।
ज़माना समंदर बन, देखता है हौसले कश्ती के,
पर मैं शिक्षक हूँ ,डूबती नौका को जहाज बनाता हूँ।
शिक्षक की हैसियत है बहुत,
किस कदर मैं क्या से क्या बनाता हूँ,
जन्नत बनाने के ख्वाब थे दिल में,
ज़माने का रवैया देख, सब चकनाचूर हो गए।
बहुत सारे दोस्त बनाए थे,
सब खुद-ब-खुद दूर हो गए।
संघर्ष भरी जिन्दगी से, ज़माने में तबाह हो गए,
अपना हाल क्या सुनाऊँ,
अपनी ही बर्बादी का गवाह हो गए।
नाज़ था शिक्षक होने का, ज़माने ने बर्बाद कर दिया।
सब का असली चेहरा देख लिया,
त्याग और एहसान को सबने भुला दिया।
कलम से इतिहास लिखेंगे, अपना है इरादा,
कलम की पूजा आजीवन करूँगा, अपना है ये वादा।

मैं समय हूँ

अच्युत उमर्जी
(पता :- पुणे, महाराष्ट्र)

मैं समय हूँ...
चलना मेरी फितरत है...
मैं समय हूँ...
रुकना मैंने सीखा नहीं...
मैं समय हूँ...
सबकी झोली में...
मैं खुशी देता हूँ...
मैं समय हूँ...
ग़म भी आते हैं सबके हिस्से में...
मैं समय हूँ...!

मार डाला

अच्युत उमर्जी
(पता :- पुणे, महाराष्ट्र)

चाँद-सा मुखड़ा...
माथे पर लाल बिंदी...
गेंसू खुले हुए...
कलाई में रंग-बिरंगी चूड़ियाँ...
पैरों में पायल...
चलते वक्त चूड़ियों की खनक...
और...
पायल की छम-छम...
बस...
मार डाला।

बारिश की बूँदें

अच्युत उमर्जी
(पता :- पुणे, महाराष्ट्र)

बारिश के दिन थे...
काँच पर बारिश के पानी की बूँदें थी...
मन बेचैन था उनको देखकर...
फिर एक अलग ख़्याल आया...
बूँदों के बारे में...
कितनी छोटी-सी रहती है...
बूँदों की ज़िंदगी...
ना जाने कब फूट जाएँ ये बूँदें...
पर उसे ना फूटने का डर है ना गम...
फिर भी खुशहाल है ज़िंदगी बूँदों की...
काश! हम?

पसंद

अच्युत उमर्जी
(पता :- पुणे, महाराष्ट्र)

उसे भीड़ पसंद है...
मुझे एकांत...
उसे शांति पसंद है...
मुझे बोलना...
उसे बाल्कनी पसंद है...
मुझे कोना...
कॉफी दोनों को पसंद है...
उसे कोल्ड...
मुझे गर्म...
पसंद भले ही अलग-अलग हैं...
पर उसे मैं पसंद हूँ...
और...
मुझे वो पसंद है।

दिल की बातें

अच्युत उमर्जी
(पता :- पुणे, महाराष्ट्र)

यहाँ मैं बैठा हूँ...
मौन और स्थिर...
के मैं उठ खड़ा हो जाऊँ...
मैं भागा चला आऊँ तेरी ओर...
और...
मैं तुझसे बात करने का साहस दिखाऊँ...
मैं दिल की गहराई से...
तुझे तेरे नाम से पुकारुँ...
जब तक के तेरे नाम की प्रतिध्वनि...
आसमान में सुनाई दे...!

कलम

सुषमा सिंह "उर्मि"
(पता - कानपुर, उत्तर प्रदेश)

जीने की चाहत है कलम,
शब्दों का सागर है।
दिल का मरहम है कलम,
कवियों की हम-दम भी है।।

लिखती हूँ रोज़ कलम से,
मन की वेदना सारी।
पर! टूटे हुए रिश्ते को,
जोड़ती मैं नारी।।

असंख्य शब्दों की माला,
लिख डाली कलम से।
यह कलम ही सजाती है,
शब्दों को स्याही से।।

ये कलम न होती तो,
होते न लेखिका-लेखक।
लिखते हैं अपने ढंग से,
सब कविता-कहानी बेशक।।

इस कलम ने बड़े ग्रन्थ लिख डाले।
सूरदास, महादेवी, प्रसाद, सुभद्रा ने
इतिहास हैं रच डाले।।

जादुई कलम की महिमा है निराली।
इसकी स्याही कभी नहीं खत्म होने वाली।।

रचनाएँ लिखती हूँ

सुषमा सिंह "उर्मि"
(पता - कानपुर, उत्तर प्रदेश)

निज कष्टों को पीकर मैं
अंतर की प्यास बुझाती हूँ।
रचनाएँ लिखती जाती हूँ।।

जब-जब अंतर अकुलाता है
भावों की धार बहाती हूँ,
मैं निज छंदो से सींच-सींच
सपनों की फसल उगाती हूँ।
रचनाएँ लिखती जाती हूँ।।

अन्याय जहाँ पर होता है
जब दुखियों का मन रोता है,
मैं न्यायार्थ सदा आवाज़ उठाती हूँ।
रचनाएँ लिखती जाती हूँ।।

जब इच्छाएँ मर जाती हैं
घनघोर निराशा छाती है,
मैं जान डालकर सपनों में
आशा का दीप जलाती हूँ।
रचनाएँ लिखती जाती हूँ।।

माना कि मेरा हृदय कोमल
पर! मुझमें सच का अतुलित बल,
नफ़रत की भारी दीवारें
शब्दों से तोड़ गिराती हूँ।
रचनाएँ लिखती जाती हूँ।।

हृदय समाहित सकल सृष्टि
प्रभु ने सौंपी दिव्य-दृष्टि,
मैं गगन भ्रमण कर पल में
लौट धरा पर आती हूँ।
रचनाएँ लिखती जाती हूँ।।

विरह ही सही है

डॉ० कुमार वर्मा
(पता :- बाराबंकी, उत्तर प्रदेश)

कठिन हर मिलन से विरह ही सही है।
खड़ी एक बाधा कहाँ पर नहीं है?

हृदय हार कर शूल मिले तो प्रणय पताका नहीं हारती।
प्रेम का बंधन वो बंधन है एक-दूजे पर जान वारती।
मन हो पावन सदा,भावना शुद्ध हो।
प्रेम की कोई गलियाँ न अवरुद्ध हो।

रोज मधुमास हो ये जरूरी नहीं है।
कठिन हर मिलन से विरह ही सही है।

विरह में लगे हैं बहारों के मेले।
गमों से भरे हैं तो गम कौन ले ले।
बताओ भला कौन कितना-सा झेले।
इसी से रहे हैं जुदा रह अकेले।

जब दिलों ने सदा यातना ही सही है।
कठिन एक मिलन से विरह ही सही है।

कुछ भी कहती नहीं, सिर्फ हँसती रही है।
कोई पागल कहे, वह बिदकती नहीं है।
विरह की है मारी, विरह में जली है
है आदत पुरानी, जो बदली नहीं है।

सच ही कहा, ये तो बिल्कुल वही है।
कठिन हर मिलन से विरह ही सही है।

मैं न उसकी सुनूँ, वो न मेरी सुने।
तो दिलों बीच मिटती, ये दूरी नहीं है।
सोचते हैं बहुत, पर मिला क्या सभी?
ख्वाहिशें सारी होती तो पूरी नहीं है।
आँसुओं की नदी जब हमेशा बही है।
कठिन उस मिलन से विरह ही सही है।

हिम्मत

आशाओं वाली क्यारी में,
कल एक निराशा जागी थी।
क्या तेज हवाओं ने उस दिन,
दीपों से माफी माँगी थी?

डॉ० कुमार वर्मा
(पता :- बाराबंकी,
उत्तर प्रदेश)

कल हँसती काली रातों में,
उम्मीद की आँखें नहीं खुली,
उगते सूरज ने तब देखा
जुगनू की क्या गुस्ताखी थी?

पैरों के ज़ख्म कराहे तब
काँटों की सब चालें जानी,
हाथों के अनगिन छालों ने
कब भाग्य की रेखा जानी थी।

इतिहास गवाही देता है
हिम्मत इतिहास बदलती है,
जब अपने से ज्यादा ढोकर,
चींटी ने लिखी कहानी थी।

मुकाम

डॉ० कुमार वर्मा
(पता :- बाराबंकी,
उत्तर प्रदेश)

जो कदम बढ़ते रहें, खुद को नहीं आराम दें।
आइए उस व्यक्ति को, हम आज कोई नाम दें।1

हौसले से डर रहीं, मंज़िल दुबक जाती यहाँ,
कर्म की ख़ातिर अगर, गति को नया आयाम दें।2

इतिहास रचने के लिए, कोई तो होगा ही यहाँ,
ले पवन से हौसला, आगे बढ़ें अंजाम दें।3

बाढ़ हो,तूफान हो,गतिमान रहना सीखिए,
अंधकारों की गली को नाम अब दिनमान दें।4

हो गए गुमनाम कितने, इस धरा पर सोचिए,
कुछ नया ऐसा करें, खुद को नई पहचान दें।5

सोच को अंजाम तक, लाने के होंगे रास्ते,
चंद कदमों से बढ़ें, इतिहास बन कर ज्ञान दें।6

कुमर अपने कर्म से, ऐसे निशाने साधिये,
शब्दकोषों से 'असम्भव' शब्द को शमशान दें।7

केवल मुस्कान

डॉ० कुमार वर्मा
(पता :- बाराबंकी,
उत्तर प्रदेश)

गीत मैं वो तलाशूँ नयन कोर से,
जिसमें मुस्कान से कुछ इतर न दिखे।

कौन समझा यहाँ क्या है मंज़िल मेरी?
कैसे कह दूँ, तेरे पास दिल है मेरा।
दिल खिलोना समझ तूने तोड़ा उसे,
जिसमें रहता था हरदम बसेरा मेरा।

दिल पे बीती को ज़ख्म-ए-जिगर न लिखे।
प्रीत मैं वो तलाशूँ नयन कोर से
जिसमें मुस्कान से कुछ इतर न लिखे।

एक तेरी खुशी के सिवा प्रियतमे,
मुझको दुनिया में कोई भी भाया नहीं।
राज़ दिल के सभी तो समर्पित किए,
राज़ कोई भी हमने छिपाया नहीं।

प्रेम बेशक लिखे पर विरह न लिखे।
रीत मैं वो तलाशूँ नयन कोर से,
जिसमें मुस्कान से कुछ इतर न दिखे।

एक तेरे बिना शून्य संसार है।
एक कोरा-सा कागज़ या अख़बार है।
प्यार भी एक अनोखा अजब खेल है,
यह कभी जीत है तो कभी हार है।

जीत हरदम मिले कुछ इतर न चखे।
जीत मैं वो तलाशूँ नयन कोर से
जिसमें मुस्कान से कुछ इतर न दिखे।

प्यार में प्रश्न का हल बना ही नहीं।
आज पर नाज हो, कल बना ही नहीं।
एक साथी चले हाथ को थामकर,
उससे बेहतर कोई बल बना ही नहीं।

उम्र भर हमसफ़र को इतर न रखे।
मीत मैं वो तलाशूँ नयन कोर से
जिसमें मुस्कान से कुछ इतर न दिखे।

सौ बार तुमको शुक्रिया

डॉ० कुमार वर्मा
(पता :- बाराबंकी, उत्तर प्रदेश)

एक जर्जर घर बेचारा जिस पे थी आफत बड़ी।
जब नमक ढूँढ़े रोटियाँ चिंता में तब थी खोपड़ी।
चींटियाँ भी कल अचानक रोड-शो पर आ गईं,
ट्रेन से भी दो गुनी लाइन बना के चल पड़ीं।

मकड़ियों ने छिपकली से सीख ली सारी कलाएँ।
मित्रता के धर्म की सरकार वो कैसे चलाएँ।
एक भी चिंता नहीं व्यवहार की,आकार की,
किन्तु ये चिंता रही आहार वो किसको बनाएँ।

मकड़ियों ने खिड़कियों पर आज कब्जा कर लिया।
घर का मालिक बोल बैठा मकड़ियों को शुक्रिया।
तुमने घर में मच्छरों का रोक कर आवागमन,
जो किया बेहतर किया,सौ बार तुमको शुक्रिया।

चीथड़े पर्दे हमारे रोज़ हम पर हँस रहे थे।
उन सड़े पर्दे को सबने जाने क्या-क्या कह दिया?
चार दिन की चाँदनी तो ढँग से देखी नहीं,
बंद खिड़की गिर गई इस बात का भी शुक्रिया।

एक कंधे के बिना रोने को वह तैयार थी।
तनी पन्नी क्या करे जब एक ही दीवार थी।
घर गिरा बेघर हुआ तड़पा बेचारा मर गया,
खुश हुआ आज़ाद बोला मर गए पर शुक्रिया।

एक मटकी थी सहारे थी भले टूटी सही,
तुम गिरे अच्छा हुआ पर अधमरी तो मर गई।
तुम थे मिट्टी हम थे मिट्टी फिर से मिट्टी हो गए,
चाहते पूरी हुईं अब सब कुदरती हो गए।

वक्त ने करवट बदल कर कर्म की सीढ़ी दिखाई।
हर कदम ऐसा बढ़ाया बढ़ गई उसकी कमाई।
चीटियाँ कर दें असम्भव और मानव न करे,
चींटियों की सीख को वो दे गया सौ शुक्रिया।

आग चूल्हे से निकलना तेरे घर से बंद है।
और तू कहता रहा सब कुशल है आनंद है।
आज ईंटों ने वहीं पर चार दीवारें उठा ली।
शुक्रिया तू आज कह दे फिर मना ले तू दिवाली।

बच्चे के स्कूल के प्रथम दिन माँ की बैचेनी

मीना सूरी
(पता :- पंचकूला, हरियाणा)

नहीं भूल पाऊँगी,
तेरे स्कूल का,
वो पहला दिन
जब माँ-बाप ने ,
रख दिया था,
तेरे नन्हे कंधों पर ,
अपने सपनों का बोझ,
भारी भरकम।

नहीं भूल पाऊँगी,
पिता का हाथ छोड़ने पर,
तेरी आँखो की नमीं,
और माँ को खुश करने के लिए,
वो प्यारी मुस्कान।

जानती हूँ बेचैनी तेरे मन की,
लाखों सवाल होंगे ?
कोई भी अपना- सा ,
ना लगता होगा ?
सब चेहरे तो तेरे लिये ,
अनजान होंगे ?
मैडम से पूछने को,
ज़रूर ज़ुबान
हिचकिचाती होगी ?
इंतज़ार होगा कि,
कब मैडम कहेगी
तेरी मम्मी अभी,
लेने आती होगी ?

नहीं भूल पाऊँगी,
तेरे स्कूल का पहला दिन
जब वापसी पर तुझे,
कस के गले ,
लगा लिया था।
डर दूर करने को तेरा,
सबके सामने ही,
आँचल में,
छुपा लिया था।

पर दस्तूर है यही,
ज़माने का,
कि रखना होगा,
मुझे रोज़ का तेरा,
ये सफ़र जारी।
तेरे भले के लिए,
ना मूड़ कर,
देखा करूँगी,
और बन जाया करूँगी,
कठोर,
हाँ हर माँ,
होती है ,
"इतनी ही न्यारी"।

नहीं भूल सकती ,
तेरे स्कूल का , वो
पहला दिन
जब किसी और को,
रोपण के लिए,
दे दी थी हमने,
अपनी कच्ची क्यारी ?
नन्हें से तेरे कंधे,
जिन पे, रख दिया था,
अपने सपनों का ,
बोझ हमने भारी।

है सदियों से दुनिया का दस्तूर,
रुढियों से मां तेरी मजबूर ?
कभी गुरुकुल, कभी स्कूल भेजकर
हो जाती है कुछ पल तुझसे दूर
सोपान प्रथम यही,
जहाँ से समझ आते दुनिया के गुर ।।

मोबाइल की लत

जगत पाल
(पता :- पंचकूला, हरियाणा)

लगे हुए हैं
मग्न होकर,
आजकल के
युवक-युवतियाँ,
एंड्रॉयड फोन पर
चैटिंग करने ।
समेट लिया है,
खुद को ऐसे
आधुनिक यंत्र में ।
न आज की चिंता है,
न कल की ही फिक्र !
न जाने कब कौन,
बन व्यापारी आएगा?
जो नाक के नीचे से
देश बेच खा जाएगा ?
और ये रह जाएंगे बस
लाईक और कमेंट करते।।

फिजूल की बातें

जगत पाल
(पता :- पंचकूला, हरियाणा)

आधार रहित,
विषय से दूर।
इधर की उधर
उधर की इधर,
हम सब दिनभर
करते रहते हैं,
फिजूल की बातें ।।

बुराई से शुरु
बुराई पर खत्म,
ना कोई लिहाज,
ना कोई शर्म।
एक-दूसरे पर
लांछन लगाते,
रोज करते हैं हम,
ना जाने कितनी
फिजूल की बातें ।।

ना समय की कद्र
ना भगवान का डर,
बस दूसरों की गलतियाँ
खोजने में व्यस्त ,
हम सब करते हैं
फिजूल की बातें ।।

अहं में चूर
सच से दूर,
बीमार सोच से पीड़ित
हर चेहरे पर मुखौटा,
हम सब करते हैं
फिजूल की बातें।।

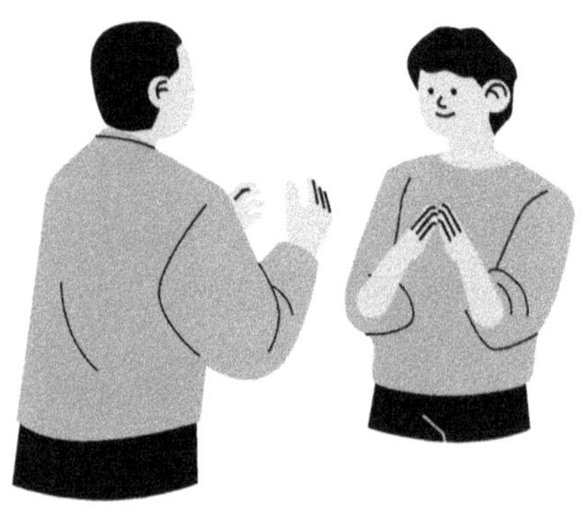

इंसान

विषधर शंकर
(पता :- गया, बिहार)

मैं भी आदमी हूँ, इंसान हूँ
मुझे भी दुख होता है किसी-किसी की बातों पर,
मैं भी रोता हूँ, हँसता हूँ
मगर क्या कर सकता हूँ
ये बेमतलब के लोग जो
राजनीत से पूर्वाग्रह से गर्षित हैं
केवल अपनी बात कहते हैं
दूसरों की कभी सुनते ही नहीं?
मगर, क्या करें हम उन्हें समझाने के लिए
आज फुर्सत किसे है अपने काम से
बेकार के, बेमतलब के बहस करने से
कुछ मिलना नहीं है
इंसान होना और इंसानियत दिखाना
आज के समय में बड़ा दुरूह और साहस का काम है
सोचता हूँ मैं क्या बन सकता हूँ?
मैं कुछ भी बनना नहीं चाहता
सिवाय एक कार्य के
मैं न हिन्दू हूँ, न मुसलमान, न सिख, न ईसाई
मैं इंसान हूँ और इंसान ही बना रहना चाहता हूँ!
मैं किसी के काम आऊँ
यह मेरे लिए बड़ी बात है।

ज़िंदगी के लिए

विषधर शंकर
(पता :- गया, बिहार)

हर किसी की ज़िंदगी में
एक दोस्त होना जरूरी होता है
जिससे जब चाहे आप
गुफ़्त-गू कर सके
अपने दिल का हाल कह सके
सलाह-मशवरा कर सके
सुख-दुःख बाँट सके
लड़-झगड़ सके
उसके कंधे पर अपना सिर रखकर रो सके,
कभी-कभार खुलकर हँस सके,
उसके साथ घूम-फिर सकें,
बेझिझक होकर निःसंकोच
उसे सब कुछ बता सके।
बिना इस बात की परवाह किए कि
सामने वाला व्यक्ति क्या सोचेगा.....?
अगर ऐसा दोस्त आपके पास है तो
आप इस इस दुनिया के सबसे बड़े धनी व्यक्ति हैं
और खुशनसीब भी।

मेरा हिन्दुस्तान

अबरार अहमद खान एडवोकेट
(पता :- लालगंज, प्रतापगढ़, उ.प्र.)

मेरा मुल्क मेरा देश यही मेरी पहचान है।
सबसे प्यारा सबसे न्यारा मेरा हिन्दुस्तान है।।

नहीं है कोई भेदभाव हर धर्म एक समान है।
यही तो सच्चा ग्रंथ है गीता और कुरान है।।

सबसे प्यारा सबसे न्यारा मेरा हिन्दुस्तान है।
मेरा मुल्क मेरा देश यही मेरी पहचान है ।।

गंगा-यमुना-सरस्वती सबका मिलन यह संगम है ।
इस धरती पे जन्म लिए राम-रहीम-रसखान है।।

सबसे प्यारा सबसे न्यारा मेरा हिन्दुस्तान है ।
मेरा मुल्क मेरा देश यही मेरी पहचान है ।।

जिस धरती पे करूं मै सजदा माथे तिलक वह चंदन है ।
इस धरती मां की कोख पे जन्मा हर इंसा बलवान है ।।

सबसे प्यारा सबसे न्यारा मेरा हिन्दुस्तान है ।
मेरा मुल्क मेरा देश यही मेरी पहचान है ।।

हिन्दू-मुस्लिम-सिख-ईसाई फूलों की एक बगिया है ।
जिस बगिया में फूल खिले हैं वो महका हिन्दुस्तान है ।।

मेरा मुल्क मेरा देश यही मेरी पहचान है ।
सबसे प्यारा सबसे न्यारा मेरा हिन्दुस्तान है ।।

ख़ाक-ए-वतन की इस मिट्टी में दफ़न किए हम जायेंगे ।
देश की खातिर मर मिट जाएं कफन तिरंगा शान है ।।

सबसे प्यारा सबसे न्यारा मेरा हिंदुस्तान है ।
मेरा मुल्क मेरा देश यही मेरी पहचान है ।।

हिन्दू-मुस्लिम करके भाई देश को अब ना बांटो जी ।
सब मिलकर एक साथ रहें यही राम राज की पहचान है ।।

सबसे प्यारा सबसे न्यारा मेरा हिन्दुस्तान है ।
मेरा मुल्क मेरा देश यही मेरी पहचान है ।।

पूर्व सनातन का मैं ठाकुर खान मेरी पहचान है ।
अबरार के मस्तक पर है लिखा , लिखा हिन्दुस्तान है ।।

मेरा मुल्क मेरा देश यही मेरी पहचान है ।
सबसे प्यारा सबसे न्यारा मेरा हिन्दुस्तान है ।।

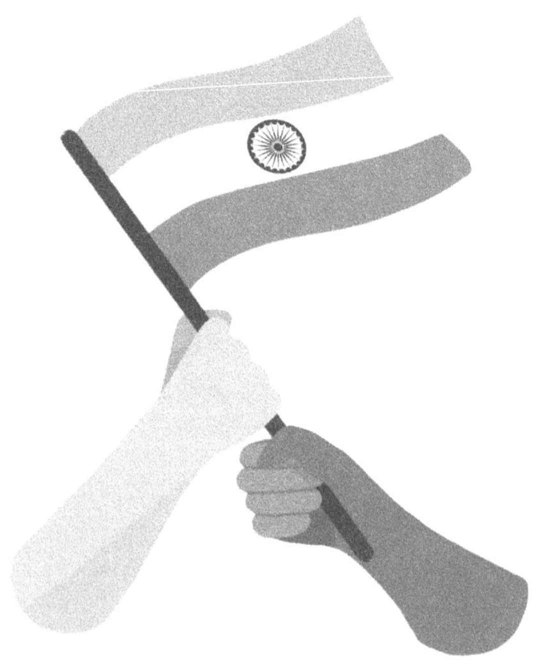

परिवर्तन

आकांक्षा अग्रवाल
(पता :- शालीमार बाग, दिल्ली)

परिवर्तन की धारा, लहराती बह रही,
नए सफ़र की ओर, मुस्कराके, बढ़ती जा रही।
पुराने सपने, नए रंग में लिए,
नयी उम्मीदों का, आगे सफ़र दिखाए।
बदलाव की हवा, साँसों में भरकर,
नए अवसरों की ओर, हम कदम रखकर।
विचारों का समंदर, बदल रहा सदा,
परिवर्तन की राहों में, परचम लहरा रहा सदा।
परिवर्तन का सफ़र, अनजान राहों पर,
दिल के उत्साह का, अद्भुत खेल यहाँ पर।
मन की ऊर्जा से, हर संघर्ष जीतें,
परिवर्तन की लहर में, जागे कितनी रातें ?
परिवर्तन का सागर, है अनंत गहराई,
नयी दिशाओं में, नयी ख्वाहिशों को पाएँ।
परिवर्तन का रंग, अद्भुत है साथ,
प्रति पल बदलता, नया है पथ।
पुरातन नियमों का, होगा अब अंत,
नयी सोच की नींव का,आरंभ हम संग।
बदलती दुनिया में, हमें भी बदलना होगा,
नयी ऊँचाइयों को चुनना ही होगा।
परिवर्तन की लहर, हर कोने में बह रही,
अपने अनुभवों से, नव-जीवन सजाएँ हम पहरी।
बदलाव का सागर, साहस से पार करें,
नये विचारों संग, हम अग्रणी बन कर बढ़ें।

भाव संचारिका 'हिंदी'

आकांक्षा अग्रवाल
(पता :- शालीमार बाग, दिल्ली)

भाव संचारिका, भाषा की दूत,
भावनाओं का संगीत, विचारों का सूत,
शब्दों की धारा, भावनाओं की बारी,
हृदय की धड़कन, भाषा की प्यारी,
ऐसी है भाषा हिंदी हमारी ।

संवेदनाओं का सागर, अद्भुत संगीत की धुन,
भाषा की कला, संवेदनाओं की नवीन उड़ान,
अर्थ की बहार, भाषाओं का संगम,
स्नेह की धारा, कल्पनाओं का रूप साकार ।

शब्दों की माला, सुगमता भारी झील,
भाषा की शक्ति, अमृत-सी ध्वनि,
भाव संचारिका, भाषा की दीप्ति,
अद्भुत रंगों का खेल, विचारों की सीप्ति,
शब्दों की छाँव में, भावनाओं का रंग,
हृदय की गहराई से, विचारों की भाषा को फूँक।

भाषा का माधुर्य, संवेदनाओं की रसिका,
अर्थ की बहार, भावनाओं का संगम,
भाषा की तारीफ़ , संवेदनाओं का ताज़।

अल्फाज़ की माला, भावनाओं का प्रवाह,
भाषा ऐसी सुकोमल, संवेदनाओं का संग्रह
शब्दों का समंदर, भावनाओं का स्पर्श।

साहित्य की रानी, ज्ञान की देवी।
विचारों की ऊँचाई, समृद्धि की पथिका
ऐसी है हिंदी देवी स्वरूपा ।

बेरोजगारी

बृजेश सिंह
(पता :- मोरनी हिल्स, हरियाणा)

दौड़ रहे हैं इधर-उधर,
ना नौकरी ना चाकरी है,
कुर्सियां बदलती रहती हैं,
वायदे बेशुमार करती।।
पर बढ़ती ही गई बेरहम बेरोजगारी।।

खूब पढ़-लिख कर भी युवा
तलाश रहे हैं रोजगारी,
भटक रहे दर-दर लेकिन,
रोजगार की तलाश अधूरी।
युवा खाली डोल रहे,
ना कम होती बेरोजगारी ।।

रोजगार के चक्कर में,
दिनों दिन बूढ़े हो रहे,
रोजगार ना मिलने से,
रिश्ते भी देर हो रहे।
कब होगी ये तलाश पूरी ?

बेरोजगारी के दौर में,
कमर तोडी महंगाई ने।
अब बेरोजगार कहाँ जाये?
किसके आगे बीन बजाये?
कब होगी तलाश पूरी?

महंगी होती पढ़ाई में,
बोझ,रोज बस्ते का बढ़ रहा।
बेलगाम निजी शिक्षा से,
आमजन प्रतिदिन डर रहा।
सुरसा का मुंह घटे,
कब कम हो बेरोजगारी।।

सेवानिवृत्ति

प्रीति चौरसिया गुप्ता
(पता :- डबोक, उदयपुर, राजस्थान)

सेवानिवृत्ति जीवन की नियम है,
एक प्रगाढ़ अनुभव की छवि है ।
अपने जन्म को सार्थक कर,
समाज में एक नया आयाम बनाने की एक कड़ी है।

"आज कोई गया, कल नया कोई आयेगा",
यह निरंतर चलने वाली प्रक्रिया बड़ी है ।
पर जो अनुभव से पका है,
कामकाज से लबालब भरा है,
उनसे सीख ले आगे बढ़ने में दूर दृष्टि की समझदारी है।
"सेवानिवृत्त" की पहचान में मत फसियेगा,
हम तन-मन से स्वस्थ और प्रसन्न रहें यह सोच रखियेगा।

फिर से बचपन लौटा यह विचार करियेगा,
यहाँ जाएं, वहाँ जाएं, घूमें-फिरें खुशियाँ मनायें,
अपने परिवार में वरिष्ठ अभिभावक का फ़र्ज़ निभाएं।

बच्चे भी उनको प्यार से रखें,
कभी उनको भार न समझें,
ऐसा ही है सेवानिवृत्ति का अनुभव,
खुशी-खुशी बिताइये,
सानंद अपना वक्त गुजारिये,
सानंद अपना वक्त गुजारिये।।

विद्यालय का अंतिम वर्ष

रिया ठाकुर
(पता :- मोरनी हिल्स, हरियाणा)

जिंदगी के "यादगार पलों" जैसा ये साल,
हँसी-ठिठोली के "अंतिम चरण" जैसा ये साल,
बचपन का हो जैसे "आखिरी साल" ?
कुछ ऐसा है इस दिल का हाल !

सहपाठियों के साथ वो हँसी-मजाक,
हैं एक-दूसरे के साथ खुश-मिजाज,
करते हैं शरारतें बेमिसाल,
याद आएगी ये मस्ती हर साल,
कुछ ऐसा है इस दिल का हाल !

शिक्षकों की डाँट सुनकर भी हँसना,
बेशर्मी की हद पार करना,
परंतु उनकी डाँट में भी होता प्यार,
ये देख पिघल जाता था दिल हर बार,
कुछ ऐसा है इस दिल का हाल !

याद आयेगी हर एक बात,
हर रोज दिन हो चाहे रात,
पर चलन है जिंदगी का,
जो करना पड़ेगा स्वीकार,
कुछ ऐसा है इस दिल का हाल !

परियों की रानी

राजवंती देवी
(पता :- पंचकूला, हरियाणा)

परियों की रानी को देखो,
क्या जादू ये करती है ?
बातों-बातों, में खेल-खेल में,
सबका मन बहलाती है ।

इसकी जिज्ञासाओं को जानें,
बहुत कुछ कह जाती है ।
धरती और ब्रह्मांड की,
ये बातें बहुत सुनाती है ।

परियों की रानी को देखो,
क्या जादू ये करती है ?
बातों-बातों में खेल-खेल में,
सबका मन बहलाती है ।

कभी लाड से, कभी प्यार से,
उछल- कूद ये करती है,
उसकी बातें नहीं सुनें तो,
मायूस ये हो जाती है ।

परियों की रानी को देखो,
क्या जादू ये करती है ?
बातों-बातों में खेल-खेल में,
सबका मन बहलाती है ।

सुनहरे सपने

राजवंती देवी
(पता :- पंचकूला, हरियाणा)

हर सपना हुआ पूरा अपना,
आशीष हमारा दिल से लेना,
देश-विदेश में घूमो चाहे जितना,
खुशबू वतन की भूल न जाना ।
फिर भी स्वदेश में वापिस आना,
चाहे जितना तुम मन रमाना,
कलियां हमारी खिलाए रखना।
महक काम की देते रहना,
सुंदर बगिया फूल खिलाना।
खुशियों के तुम दीप जलाना,
हर सपना हुआ पूरा अपना,
खुशियों के तुम दीप जलाना,
बधाइयों की सुरमाला बुनना,
हरदम आगे बढ़ते रहना ।
जीवन की हर खुशी तुम्हारी,
पूरी हो गई इच्छा मन की,
यही कामना मन से हमारी ।
पूर्ण होवें इच्छा सारी,
हर सपना हुआ पूरा अपना,
आशीष हमारा दिल से लेना।

महाप्रयाण

सुमिता रानी
(पता :- पिंजौर, हरियाणा)

एक 'अदद' जिंदगी,
जब छूटती है ?
देकर.....
एक मुकाम,
तमाम खुशियाँ,
सींचकर रिश्तों को,
"अपने 'लहु' से"
जब होता है,
"महाप्रयाण"......?
तब उठता है,
एक समंदर,
मन के अंदर ।
उमड़ता है,
एक तूफान?
भावनाओं का ?
तो....होता है,
कितना मुश्किल ?
झेल पाना.......?
इस पलायन को,
और......
लौट पाना ?
फिर, सामान्य दिनचर्या में।
लेकिन...?
यही तो जीवन-चक्र है,
यही तो सनातन सत्य है,
जो अवतरित हुआ है,
उसका गमन भी निश्चित है।
जो पैदा हुआ है,
उसका मरण भी निश्चित है ।।
यही तो जीवन-चक्र है,
यही तो सनातन सत्य है।।
अनंत काल से,
अनंत काल के लिए।।
समस्त सृष्टि पर,
जगत के कल्याण के लिए।।
यह नियम लागू है,
समान रुप से,
सभी जीवों पर ।
सभी जीवों के,
विकास के लिए।।

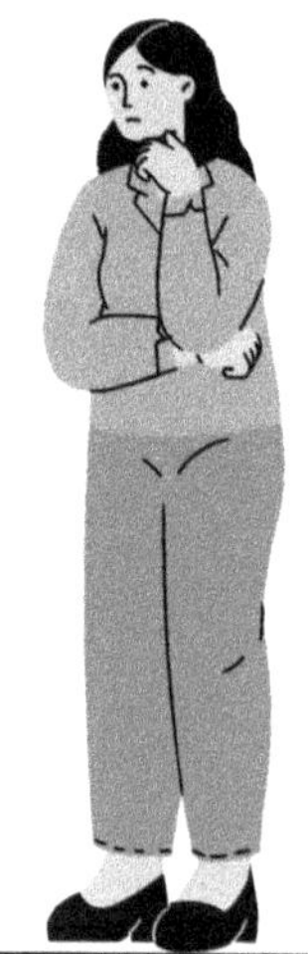

कविता

सरदार मनविंदर सिंह
(पता :- यमुना नगर, हरियाणा)

मेरी कविता, दुनिया भर की।
मेरी कविता, बात है घर की।।
मेरी कविता, गरीब की वाणी।
मेरी कविता, करुण कहानी।।
मेरी कविता, पाप न पुण्य।
मेरी कविता,प्रलय- सा शून्य।।
मेरी कविता, गीता- सार ।
मेरी कविता, अनंत विचार।।
मेरी कविता, निर्बल की आस ।
मेरी कविता, सच की बात।।
मेरी कविता, आँख का काजल ।
मेरी कविता, माँ का आँचल ।।
मेरी कविता, प्रेम की बात ।
मेरी कविता, एक फरियाद ।।
मेरी कविता, दीवट का चिराग ।
मेरी कविता, जंगल की आग।।
मेरी कविता, दुख में ढांढस ।
मेरी कविता, सुख का ओजस ।।
मेरी कविता, घर की बुनियाद ।
मेरी कविता, क्षितिज के पार ।।
मेरी कविता, मेरा ही मन।
मेरी कविता, जग का दर्पण।।
मेरी कविता, तेरे द्वार।
तू चाहे तो कर स्वीकार।।

ये सुहाना सफर

पल्लवी
(पता :- मोरनी, हरियाणा)

सफर सुहाना है स्कूल का,
पूरा होगा एक दिन,
कभी हँसते कभी रोते,
निकल जाएंगे ये कुछ दिन।

हरियाली के मौसम जैसे,
पहली कक्षा में आते हैं,
पतझड़ के मौसम जैसे,
बारहवीं में बिखर जाते हैं ।

अध्यापकों की डाँट सुनकर,
हम सब चुप हो जाते हैं,
उनके बाहर जाते ही,
फिर से शोर मचाते हैं।

हँसती-खेलती इस जिंदगी को,
कभी भुला नहीं पाएंगे,
शायद बारहवीं के बाद,
हमेशा के लिए बिछड़ जाएंगे।

सुहाना-सा ये सफर,
फैयरवैल पर खत्म हो जाएगा,
खुश मत होना ऐ दोस्तों,
यह समय दोबारा लौट के नहीं आएगा।

श्रमेव जयते

डॉ० अरुण कुमार शास्त्री
(पता :- दिल्ली)

मिट्टी से हूँ आया,
मिट्टी का ही जाया।
दुविधाओं ने है रोका,
पर सुविधाओं को खोज़ा।
मार पछति मैने,
भरी उडारी ।
बिल्कुल न घबराया,
मैं , बिल्कुल न घबराया,
मिट्टी से हूँ आया,
मिट्टी का ही जाया ।।
तुम कर लो अपने मन की,
मैं बात करुँगा जतन की।
तुम शोर्ट रुट से आना,
मैं राह गहुँ वतन की।
मैं राह गहुँ वतन की,
पर , बिल्कुल न घबराया,
मिट्टी से हूँ आया ।
मिट्टी का ही जाया।।
डर लगना स्वभाविक है,
मानव माटी का पुतला है।
संघर्षों का इतिहास,
लिए नस-नस।
है इसने मगर रचाया,
ये , बिल्कुल न घबराया,
मिट्टी से है आया।
मिट्टी का ही जाया।।
प्रस्तर पर लिख देगा,
शिला-खंड को फोड़।
जोड़-तोड़ की नीति,
का करके भाँडा फोड़।
न इसने शीश झुकाया,
न इसने शीश झुकाया।
ये , बिल्कुल न घबराया,
मिट्टी से है आया।
मिट्टी का ही जाया।।
संघर्षों का इतिहास,
लिए नस-नस ।
है इसने मगर रचाया।।

अजीब आदमी

डॉ० अरुण कुमार शास्त्री
(पता :- दिल्ली)

दर्द देकर भी कोई दवा माँगता है ?
अजीब आदमी है,ये क्या माँगता है ?
दुखों की गागर सर पर उठाए,
लोटे में अपने शिफ़ा माँगता है ।
अजीब आदमी है, ये क्या माँगता है ?

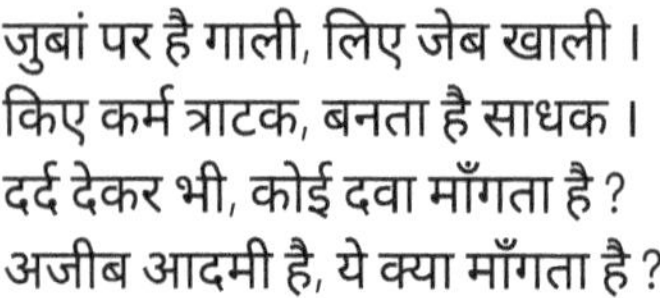

जुबां पर है गाली, लिए जेब खाली ।
किए कर्म त्राटक, बनता है साधक ।
दर्द देकर भी, कोई दवा माँगता है ?
अजीब आदमी है, ये क्या माँगता है ?

सफ़ीना भंवर में, के जीवन अधर में।
मंजिल पे अपना मकां माँगता है।
अजीब आदमी है, ये क्या माँगता है ?

बुझा कर चरागां, वो बस्ती के सारे ।
अन्धेरों से अब, भागना चाहता है ।।
अजीब आदमी है, ये क्या माँगता है?

दर्द देकर भी कोई दवा माँगता है ?
अजीब आदमी है , ये क्या माँगता है ?

कभी कोई आया, जो दामन फैलाया।
फटकार कर के, है उसको भगाया ।
जरूरत पे अपनी, भर के नयन अब।
दुनिया में सबसे दया माँगता है ।।
अजीब आदमी है, ये क्या माँगता है ?

"अरुण", तुम ही समझो तुम्हारी गज़ल है।
लिखा जो भी तुमने, पाठक तो तुमसे खुशी माँगता है।।

माथा ख़राब है

डॉ० अरुण कुमार शास्त्री
(पता :- दिल्ली)

माथा ख़राब है, अजी मेरा माथा ख़राब है।
मुझसे मत उलझना, मेरा मन बेताब है।।

जबसे हुआ हूँ पैदा, मैं जिंदगी से लड़ रहा।
अपने पूर्व कर्म का, मैं हिसाब सब दे रहा।।

जानता हूँ पागल नहीं हूँ, प्रारब्द्ध की दिशा।
क्या किये थे कार्य, अज्ञान से तब न था पता।।

मन,वचन और कर्म का बेढव हिसाब है।
माथा ख़राब है अजी मेरा माथा ख़राब है।।

फेहरिस्त क्या करेगी, मुआफ़ी भी न मिलेगी।
भुगतूँगा सिलसिले से, अब ये ही अजाब है।।

माथा ख़राब है, अजी मेरा माथा ख़राब है।
मुझसे मत उलझना, मेरा मन बेताब है।।

उल्फ़त के लुत्फ़ का, साहिब स्वाद है गज़ब।
जिसने चख़ा नहीं , तो वो शख़्स है अज़ब।।

एक एक पल, मेहबूब के साथ का देता बड़ा मज़ा।
हैरान क्यूँ है अब, जो तुझको मिल रही सज़ा।।

माथा ख़राब है, अजी मेरा माथा ख़राब है।
मुझसे मत उलझना मेरा मन बेताब है।।

"बालक अबोध" हूँ, मैं, मुझको तो होश ही नहीं।
कर दिया सो कर दिया, अब सोचता हूँ क्या।।

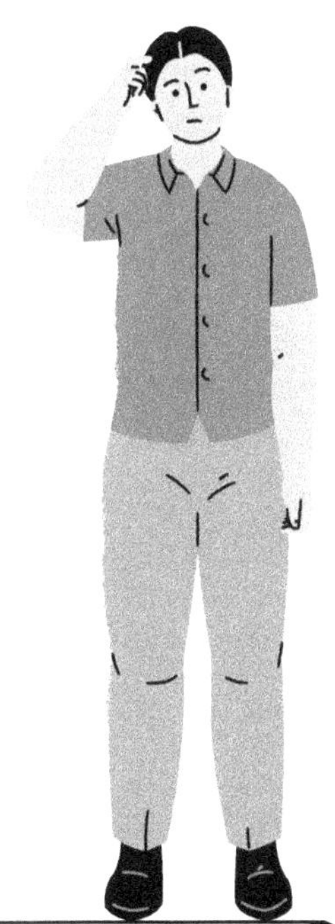

दिलों के खेल

डॉ० अरुण कुमार शास्त्री
(पता :- दिल्ली)

दूरियाँ बढाते जा रहे हो, बात क्या है ?
हमसे नज़रें चुरा रहे हो, बात क्या है ?
क्या छुपा रखा है दिल में, बात क्या है ?
कह सको तो कह ही डालो ,बात क्या है ?
प्यार के खेल में शरम कैसी,
क्यों कसमसा रहे हो , बात क्या है ?
दूरियाँ बढाते जा रहे हो, बात क्या है ?
हमसे नज़रें चुरा रहे हो, बात क्या है ?
क्यों करे हम भरोसा आपका,
दिलों के खेल में, काम क्या दिमाग का ?
चोट है भी के नहीं दिखलाइये,
या खामखाँ आँसू बहा रहे हो, बात क्या है ?
देखिये फुरसत तो हमको है नहीं,
क्यों नोन-तेल,लकड़ी में उलझा रहे हो ?
आईना देखो तो जाके, फिर जताना,
इश्क है ये इसमें, हुनर का काम क्या ?
दूरियाँ बढाते जा रहे हो, बात क्या है,
नज़रें हमसे चुरा रहे हो, बात क्या है ?
है निभाना तो निभाओ, वरन टसुए मत बहाओ।
जानते है हम तुम्हें, जन्म से, एक की दो-दो लगाना।।
क्यों करे, कैसे करें, हम भरोसा आपका ?
दिलों के खेल में काम क्या दिमाग का ?
है "अरुण", अब जीस्त की ऊँचाई पर ,
एक पल में छोड़ देगा इसमें ज्यादा सोचना क्या ?

भटका राही

डॉ० अरुण कुमार शास्त्री
(पता :- दिल्ली)

आस लिए निकला था घर से,
राह गया हूँ भूल।
पेट पीठ से चिपक रहा है,
तेज लग रही धूप।।

रोजी रोटी ने मुझको तो,
दर-दर है भटकाया।
काम मिला न कोई अभी तक,
प्रभु ये कैसी माया।।

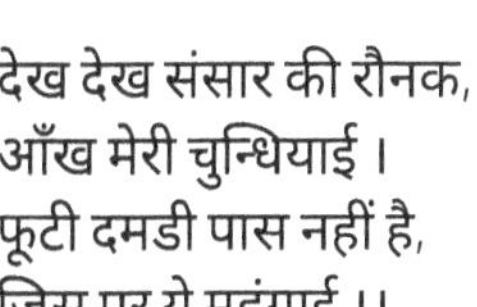

देख देख संसार की रौनक,
आँख मेरी चुन्धियाई ।
फूटी दमडी पास नहीं है,
जिस पर ये महंगाई ।।

डोलत-डोलत साँझ हुई अब,
किस दर जाऊँ रे ।
कौन सुनेगा अरज बावरे,
पानी पी सो जाऊँ रे ।।

आस लिए निकला था घर से,
राह गया हूँ भूल।
पेट पीठ से चिपक रहा है,
तेज लग रही धूप ।।

आवारगी

डॉ० अरुण कुमार शास्त्री
(पता :- दिल्ली)

महकती फ़िज़ां में महक जाना, कोई अज़ब अज़ाब तो नहीं।
बहकती ख़िज़ाँ में बहक जाना, बानगी के ख़िलाफ़ तो नहीं।।
तुमसे छुपा ही क्या है ये नशा जिसमें, डूब कर मैं इतराता हूँ।
उसी नशे का स्वाद, तुमको भी लगाना सखी, कोई बुरा तो नहीं।।
याद आओगी जो यूँ रूठ जाओगी, देखो भटक तो न जाओगी ।
आवाज़ देकर जो तुमको बुलाऊँ तो इसमें कुछ बुरा तो नहीं।।
हदें बना लो, जाओ जा के देखो, ये आसान बेहद सी बात है ।
सीधे सपाट रिश्तों में गांठें लगा लो, मैं कोई सरफिरा तो नहीं।।
महकती फ़िज़ां में महक जाना, कोई अज़ब अज़ाब तो नहीं।
बहकती ख़िज़ाँ में बहक जाना, बानगी के ख़िलाफ़ तो नहीं।।
नसीब अच्छा हो, तो दोस्त भी मिल जाते हैं खुशनसीबी से।
यूँ तो गमख्वारियत का सिलसिला तो, आजतक थमा नहीं।।
मैं नहीं कहता कि मैं ही इक नुमाइंदा हूँ अब्रे शराफ़त का,
खोज़ने जाओगी तो देखोगी मुझसा कहीं मिला ही नहीं।।
आशिक़ी ने आशिक़ी को किया है बे- इज्जत बुरी तरहां।
ये एक अबोध बालक है, जिसका तो मुकाबला ही नहीं।।
महकती फ़िज़ां में महक जाना, कोई अज़ब अज़ाब तो नहीं।
बहकती ख़िज़ाँ में बहक जाना बानगी के ख़िलाफ़ तो नहीं।।

रुई रुई से बादल

डॉ० अरुण कुमार शास्त्री
(पता :- दिल्ली)

बाल झड़ जाएँगे,
दाँत गिर जाएँगे,
याद मगर रखना,
साथ गुजारे जो दिन,
तुम भूल तो न जाओगे ?
आवाज़ दोगे कभी ?
हम आ तो न पाएँगे,
लेकिन दिल से साथी,
हम भूल तो न पाएँगे।
कैसे-कैसे बीते वो
प्यार भरे मंज़र,
उड़ते मंड़राते थे,
रुई-रुई से बादल,
उनको छूने की चाह
अब तक भी अधूरी सी,
हाथों में नमी , कोमल
तेरे चुम्बन जैसी ही,
हम अब भी उन सपनों में
रहते डूबे, उतराते,
बाल झड़ जाएँगे,
दाँत गिर जाएँगे,
याद मगर रखना,
साथ गुजारे जो दिन,
तुम भूल तो न जाओगे।
आवाज देकर बुला लो,
हम उड़ कर आएँगे,
कैसे- कैसे बीते वो,
प्यार भरे मंज़र,
दिल भर भर जाएँगे ।

तख्खलुस

डॉ० अरुण कुमार शास्त्री
(पता :- दिल्ली)

आशिकी के हिज्जे आयेंगे समझ ।
तुम डूब कर तो देखो मेहरे सलाम में।।

तुमसे नज़र क्या मिली होश उड़ गए।
घर से लापता थे अब दींन से गए।।

आना कहाँ था मुझको तेरे मयार में।
कुछ गलतियाँ हुई कुछ गमख्वार मैं।।

रूठना मनाना उनको तो रोज़ की बात थी।
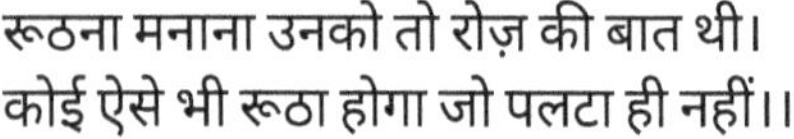
कोई ऐसे भी रूठा होगा जो पलटा ही नहीं।।

दर्द देकर दवा देता है वो यार मिरा।
किस तरहां का रहनुमा है यार मिरा।।

हुस्न वालों से बच के रहा करो समझे ।
काट लेते हैं और दर्द भी होने नहीं देते।।

लो चलो अब तो दोस्ती कर लो जानम।
मास बारहा बीते है लिव इन में रहते हमको।।

आशिकी के हिज्जे आयेंगे समझ।
तुम डूब कर तो देखो मेहरे सलाम में।।

ये समंदर भी एक अबोध बालक के जैसा है ।
गले मिलता है रह-रह के रुलाता है भिगोता है।।

अनाम मोहब्बत

डॉ० अरुण कुमार शास्त्री
(पता :- दिल्ली)

कुछ खत मोहब्बत के अब भी मेरे पास,
तरतीब से सहेजे हुये तेरी पहचान लिये।
तेरे मेरे सानिध्य के जिंदा उन्मान लिये,
बीत रहा हूँ पल-पल ढलता हुआ जीवन।
मगर विश्वास से भरा, तेरे आने का एहसास लिये।
कुछ खत मोहब्बत के अब भी मेरे पास।।
तरतीब से सहेजे हुये, यूँ तो इस मोहब्बत ने,
अनेकों को सताया है तिल तिल जलाया है।
पल-पल रुलाया है, भटकते को घर दिया।
घर से किसी को बेघर किया नेमतों से भर दिया ,
किसी को - और किसी को जिंदा दफनाया है।।
कुछ खत मोहब्बत के अब भी मेरे पास,
तरतीब से सहेजे हुये, जब हम और तुम थे एक ,
देखना है प्यार की इंतहाँ कितना और लेगी इम्तेहान ।
देखना है सब्र का मेरा ,पैमाना कब छलकेगा ?
कब मेरी आँखों से बहता पानी सैलाब लाएगा ।
और उन मोहब्बत के खतों को बहा कर
तेरे पास ले जाएगा , रूह के अरमान है ,
रूह के अरमान है क्या कोई तेरे समान ,
इनको समझ पाएगा - इनको समझ पाएगा ।।

मुझसे क्यूं पूछते हो

डॉ० अरुण कुमार शास्त्री
(पता :- दिल्ली)

मुझसे क्यूं पूछते हो, मेरे हिस्से का आसमान ।
जो दिखता है छलावा है,
उसमें तेरा उसका उनका इसका भी आसमान आता है ।।

मैं उठा तड़के-तड़क , भोर से बहुत पहले ।
सूरज तब पश्चिम में था , कदम बढाया वापिस आया ।।

तब तक वो दक्षिण में था , फिर भी मैंने परंपरागत
उद्बोधन कर नमन किया ।
अपनी छत को छूने को अनथक प्रयत्न किया । ।

इस कोशिश में उम्र ढल गई, दो प्रहर के संसाधन जोड़ते-जोड़ते।
एक सदी ही निकल गई बीच-बीच अनेको ओंन लाईन।।

गुरु मिल गये तो जपो जप करतल छवि बिगड़ गई ।
साध न पाया साधन को जब तक कदम बढाया ।।

वापिस आया तब तक वो दक्षिण में था।
ऐसे बीता जीवन मेरा, तेरी तो मैं जानू ना।
ढूँढ रहा अपने जीवन को मदद किसी से मांगू ना ।।

ज़िंदगी अनमोल है!

समीउल्लाह खान
(पता :- खम्मम्, तेलंगाना)

ज़िंदगी ऐसे ही निखार नहीं लायेगी
ज़नाब-ए-आला अशरफुल मख्लूखात!
ज़िंदगी कभी आज़माइश की शिकार होगी तो
कभी नवाज़िश भी मिलेगी ज़िंदगी में।
ज़िंदगी में कभी आपकी फ़रमाइश करने वाले मिलेंगे
तो कभी आपसे नफ़रत करने वाले भी ।
ज़िंदगी में कभी भी नहीं चलेगी मनमानी यार!
आप कभी भी अमीर हो सकते तो कभी फ़कीर भी।
ज़रा संभल के जीना यारों!
ज़िंदगी क्या अल्हड़ का खेल थोड़ी है!
इंसान इंसानियत भूल बैठा है
वो बुद्धि जीवी समझ कर
अपनी अकड़ दिखाते जी रहा है मनमानी!
ज़िंदगी में कभी खुशी के अश्क़ बहते
तो कभी दुःख दर्द के भी।
हम तो सिर्फ सपने देखते हैं
उम्रभर साथ देने का ज़िंदगी में!
हर किसी के दिल में यही अरमान रहता है
मगर कौन पीछे कौन आगे ज़िंदगी से रुख़सत होगा
सिवाय ख़ुदा के जाने कौन?
दूरियों का फैसला तो लेता है ख़ुदा
मगर मजबूरियों को भी वही करेगा ज़रूर दूर।
चार दिन की है ज़िंदगी बड़ी अनमोल है यारो!
ये कोई सुहाना सफर थोड़ी है!

सियासी दुकानें

समीउल्लाह खान
(पता :- खम्मम्, तेलंगाना)

आज कल के नेता गण, नए नवेले राजनीति में
पदार्पण किये रंग बदलते अभिनव गिरगिट हैं,
वक्त न साथ ,बूढ़ा गया बारात समझ कर खोल बैठे हैं
सियासी दुकाने अपने-अपने दलों के बनाम।

किसी एक बहाने देश को
सुसंपन्न करने के झूठे वादों को लेकर
भर लेते हैं अपने-अपने ख़जानों को।
गरीबी, अकाल, बेरोजगारी को दूर भगाने के
झूठे दिलासे दिला कर जनता को ठगते फिरते हैं।
चुनाव से पहले स्वराज्य की स्थापना के
झूठे वादों से चुनाव जीत कर फिर चुनाव तक
आँखों से हो जाते ओझल।
ये सब अपनी-अपनी कुर्सी को बचाने के
बड़े प्यासे होते हैं,
लोगों का खून चूस कर भी
चुनाव लड़ने को होते हैं तैयार।

इसलिए मत दाताओं होशियार हो जाओ,
सोच विचार कर
अपने मतदान का सदुपयोग करना,
क्योंकि ये फिर सबकी नज़रों से
दूर होंगे पाँच साल तक।
इसलिए मतदाताओं नीति को
अपना स्वाभिमान बनाओ,
देश को सुसंपन्न बनाओ, देश को बचाओ।

तंदुरुस्ती हज़ार नेमत

समीउल्लाह खान
(पता :- खम्मम्, तेलंगाना)

स्वस्थ शरीर है पावनधाम,
तंदुरुस्ती हज़ार है नेमत।
तंदुरुस्ती ख़ुदा की बड़ी है इनायत,
स्वस्थ शरीर में स्वस्थ मन और
मस्तिष्क का होता है निवास।

बीमार पड़ने से पहले जान लो
कि ज़िंदगी में तंदुरुस्ती हज़ार है नेमत ।
कभी भी भर पेट खाया न करो,
कुछ लुखमों की जगह ख़ाली रखो।
हमेशा अपनी तंदुरुस्ती का ख़्याल रखना,
खूब खाकर पेट को खराब मत करना।

खाने-पीने में अड़ोस-पड़ोस का भी ख़्याल रखना,
अपने खाने-पीने की चीज़ों में
कुछ कमी क्यों न की जाए।
तंदुरुस्ती में जवानी की इबादत
सबसे बेहतरीन तोहफ़ा है ख़ुदा का,
जब तन बिगड़ जाए तो मन भी बिगड़ जाएगा।
इसलिए होशियार हो जाओ तंदुरुस्ती हज़ार नेमत है।

जिस घर में बिटिया नहीं

रोहताश सिंह "खनगवाल"
(पता :- पंचकूला, हरियाणा)

खुशबू है ये बाग की,रंगों की पहचान रे।
जिस घर में बिटिया नहीं,वह घर रेगिस्तान रे ।।

कोख न होती माता की,क्या तू जन्म ले पाता ?
सुंदर-श्यामल इस बगिया में,क्या तू जीवन महकाता ?
कली बिना नहीं फूल होता,सुन बहरे इंसान रे ।
जिस घर में बिटिया नहीं, वह घर रेगिस्तान रे ।।

बहना न होगी राखी पर,किससे राखी बंधवायेगा ?
रक्षा-बन्धन के ये गीत,कैसे तू सुन पाएगा ?
तेरे घर में मातम होगा,नहीं होगा गान रे ।
जिस घर में बिटिया नहीं,वह घर रेगिस्तान रे ।।

पत्नी न होगी जीवन में,कैसे सेज सजाएगा ?
श्वासों की ना खुशबू होगी,किससे नैन मिलाएगा ?
कुँवारा तू रह जाएगा,नहीं होगा मान रे ।
जिस घर में बिटिया नहीं, वह घर रेगिस्तान रे ।।

माँ, बहन, बहू, बेटी बिन, कैसी तेरी शान रे ?
भ्रूण की हत्या गर्भ में की, यह कैसा अभिमान रे ?
झूठी तेरी शान है, झूठा तेरा मान रे ।
जिस घर में बिटिया नहीं,वह घर रेगिस्तान रे।।

नव संवत्सर

डॉ० रंजना गुप्ता
(पता :- पलवल, हरियाणा)

नव संवत्सर आया!
रामलला यह संवत् लाए,
सबका मन हर्षाया!
नव संवत्सर आया!
'भोजराज पंचांग' बना है,
रामलला संग नवयुग का,
पहला राम संवत् आया,
नव संवत्सर आया!
देखो, भारत का विकास ,
प्रथम श्रेणी के योग्य बनाया,
संतों का युग आया,
नव संवत्सर आया!
बाईस जनवरी दिन ऐतिहासिक
बनकर अवध में आया,
रामलला घर वापस आए,
ऐसा शुभ अवसर आया!
अब तो डर न किसी का भैया,
नेक कामों की नैया को है पार लगाया।
नव संवत्सर आया!
राम ही हमारे आदर्श रहेंगे,
युग-युग तक हम कथा कहेंगे,
वीरता और करुणा का संगम
धरती पर जिसने बहाया।
खुशी मनाओ,
सत्य और न्याय के पथ पर,
चलकर दिखाओ,
वाल्मीकि और तुलसी ने
यही गीत है गाया!
नव संवत्सर आया!

चलते-चलते

डॉ० रंजना गुप्ता
(पता :- पलवल, हरियाणा)

चलते-चलते देखा हमने,
बचपन की नादानी,
यौवन की रवानी,
बुढ़ापे की कहानी,
गाँव की हरियाली
शहर की दीवाली,
देश के हालात,
दुनिया के मामलात,
माता-पिता का निश्छल प्यार,
बच्चों की मनुहार,
गुरुजनों का आशीर्वाद और
शिष्यों का व्यवहार,
अपनी समझ में सब अच्छे हैं!

दुःख का कारण है-
केवल गलतफहमी
अपने कर्ता होने की,
दूसरे को दूसरा समझने की,
ठहरे होने पर भी चलते रहने की,
असत्य को सत्य समझने की,
क्षणभंगुर को अमर मान लेने की।
भक्ति योग सुंदर है,
ज्ञान योग श्रेष्ठतर है,
कर्म योग श्रेष्ठतम है,
निष्काम कर्म गुरुतर है,
खुशी जिसमें मिले, वह बेहतर है!

अव्यवस्थाओं के मध्य

सुषमा
(पता :- जानकीपुरम,
लखनऊ, उ० प्र०)

जन्म से जीवन पर्यंत संघर्ष,
अव्यवस्थाओं के मध्य,
व्यवस्थित होने का अटूट प्रयास।
जीवन मूल्य, अमूल्य
कठिन राह, चुभे शूल
थके पाँव, फिर भी
चलने को मजबूर ।

सौदागर
जड़ चेतन का,
जमीर -जिन्दगी का,
इंसानियत का,
ऐसे में कोई कैसे
व्यवस्थित रह पाये।
व्यवस्थित होने के प्रयास में
स्वयं को खोकर
भ्रम जाल, माया जाल से
निवृत होने का निरंतर प्रयास ही,
अंत तक,
इंसान करता जाये ।।

रह गुजर

सुषमा
(पता :- जानकीपुरम,
लखनऊ, उ० प्र०)

रोज सवेरे जल्दी में,
घर से निकल कर, भीड में,
जाने-अनजाने लोगों के मध्य,
करती हूँ सफर।
लौटती हूँ,उस राह पर
जहाँ बहती है, एक ओर नदी
दूसरी ओर डूबता है थका सूरज।
उपवन के रंग-बिरंगे पुष्प,
पवन से हिल-मिल झूमती
आनन्दित डालियाँ,
दो पल ठहरने को,
करती हैं आमंत्रित, बुलाती अपनी ओर।
बरसों से चल रहा यही क्रम,
नहीं ठहर पाती, चाह कर भी एक पल।
सोचती जरूर हूँ, हर दिन,
क्या कल भी गुजर पाऊंगी यूं ही।
या चार कन्धे लायेंगे मुझे उठाकर
इस राह पर ।।

मन की उलझन

यशवीर
(पता :- पलवल, हरियाणा)

उलझन है मन में, सुलझने का नाम नहीं,
किसी की नहीं मानता, इसे समझने का काम नहीं।
बहुत रोका पर ये, हठ नहीं तजता,
मनाऊं बारंबार पर उसी की जिद करता।।
दिन-रात, रहता है परेशान बेचारा,
छोड़कर सुख सागर को,
पाना चाहता है, विषय रूपी गागर को।।
श्रुति- पुराण इसे भाता नहीं,
गुरु वचन भी सुहाता नहीं।
राम नाम को चाहता नहीं ,
मलिन मन, सत्कर्म, अपनाता नहीं।।
अब क्या करूं ? समझ कुछ नहीं आता है ,
इसकी न सुनूं तो ये तड़पता है,
सुनूं तो और ज्यादा फड़कता है।
ये मूर्ख ये क्यों नहीं समझता है,
ये विषयों को नहीं, विषय इसको पकड़ता है,
और फिर अपने जाल में ऐसा जकड़ता है,
कि चाहकर भी नहीं छूट पाता है,
बस पंछी की भांति, पिंजरे में फड़फड़ाता है।।

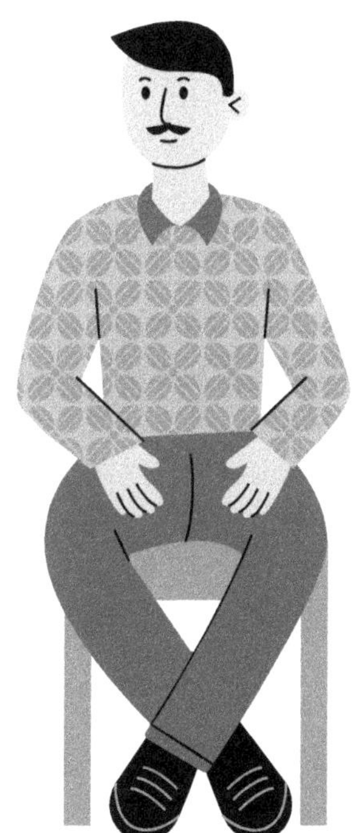

विदाई गीत

प्रधानाचार्या डॉ० सुमन शुक्ला
(पता :- CBGIC, हुसैनगंज,
लखनऊ, उ.प्र.)

नहीं दे रही अनुमति तुझको,
मन उपवन से जाने की।
आज दे रही अनुमति तुझको,
दुनिया में छा जाने की।
मैं तो माली हूँ उपवन की,
हर डाली से प्यार मुझे।
जी करता है निष्कंटक,
राहों का दूँ उपहार तुझे।
बने रहे तुम पौधे अब तक,
वृक्ष तुम्हें अब बनना है।
अपनी शीतल छाया से,
सबके मन को हरना है।
खुले व्योम के नीचे,
हर ऋतुओं का है अनुमान मुझे।
डर है बाँध न ले,
ऋतुओं का कोई जाल तुझे।
कठिन परिश्रम तुम अपनाना,
जीवन का आधार यही है।
हर ऋतु को सहते जाना,
संघर्षों का सार यही है।
पर तुम जिस उपवन के तरु हो,
उस उपवन को कभी न भूलो।
बढ़ते रहो सदा आगे को,
नील गगन को भी तुम छू लो।
आज यही आशीष दे रही,
प्रतिफल तुम फलो-फूलो।

खाली कोने की आवाज़

प्रधानाचार्या डॉ० सुमन शुक्ला
(पता :- CBGIC, हुसैनगंज,
लखनऊ, उ.प्र.)

मैं सहकर्मियों की सभा में थी
सभा में मैं मंच पर थी,
मंच से मैंने देखा
सभागार का एक कोना था
खाली पड़ा।
उस खालीपन ने मुझे विचलित किया
मुझे संयोग श्रृंगार का पाठ करना था
परंतु उस खालीपन ने
मेरे संयोग श्रृंगार की कविता को
वियोग श्रृंगार में बदल दिया।
मैं संभली तत्क्षण
और खालीपन पर ही किया
काव्य सृजन।
मेरी आँखें बंद थीं
तालियों की गड़गड़ाहट से
मेरी आँखें खुली।
मैंने महसूस किया
वह तालियों की आवाज़
उसी खाली कोने से थी
और समवेत स्वर था
बहुत अच्छा....बहुत अच्छा।।

ऊपर कोई सुनता है क्या ?

जितेंद्र 'राही'
(पता :- पंचकूला, हरियाणा)

इतने चुप-चुप क्यूं बैठे हो?
इतनी बातें क्यूं करते हो?

ऊपर कोई सुनता है क्या ?
ऊपर क्या तकते रहते हो ?

किन बातों से फर्क पड़ा है ?
नाहक़, किस्से क्यूं बुनते हो ?

कौन-सी बात, निभा पाए हो ?
क्यूं वादे करते रहते हो ?

एक दिन तो मर ही जाना है,
हर दिन क्यूं मरते रहते हो?

मतदाता जागरूकता अभियान

डॉ० जगदीश चंद्र वर्मा
(पता :- गाजियाबाद,
उत्तर प्रदेश)

मताधिकार प्रयोग करना,
संवैधानिक अधिकार है।
अधिकार के आधार पर,
चुनिये मनपसंद सरकार है।।

हम सबको मताधिकार का,
प्रयोग करना चाहिये।
देशोत्थान व समाज हित में,
मतदान करना चाहिये।।

स्वयं जागो दूसरों को जगाओ,
ऐसा करना चाहिये।
अभियान में एक दूजे का,
सहयोग करना चाहिये।।

हम देशवासी आज,
होश-ओ-हवास में लेते हैं शपथ।
जीतेंगे सबका विश्वास,
और सदैव चलेंगे इस पथ।।

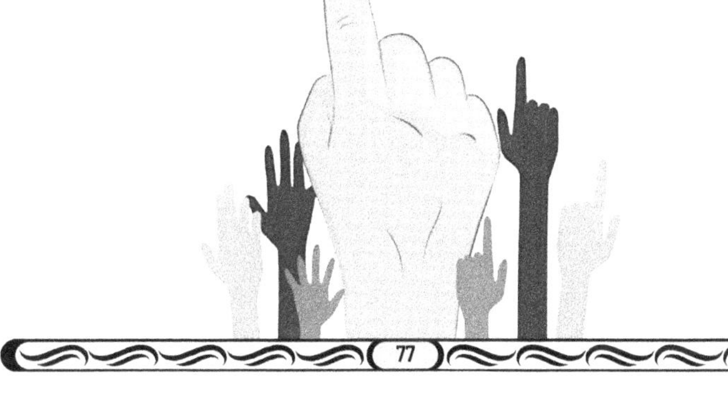

मेरी कलम

दुर्गा देवी "आशा किरण"
(पता :- पानीपत, हरियाणा)

ऐ मेरी कलम,
तू लिख ऐसा।
जो इतिहास बने,
हर कोई पढ़े।

ऐ मेरी कलम,
तू लिख अतीत।
क्या खोया?
क्या पाया देश ने?

वर्तमान लिख ऐसा,
जो याद करें सब।
जीवन गाथा-सा,
गीत गुनगुनाएँ सब।

बोलती है कलम,
तोलती है कलम।
मन में छिपे भावों को,
उकेरती है कलम।

कलम का कमाल,
देखा हर किसी ने।
अतीत,वर्तमान,भविष्य
लिखती है कलम।

धनी-निर्धन, राजा-रंक,
कहानी सबकी कहती।
अनकहे शब्दों को,
लिख बयाँ कलम करती।

जिन्दगी तेरे लिए

अनन्तराम चौबे 'अनन्त'
(पता :- जबलपुर, मध्य प्रदेश)

तेरा साथ मिला सफर में,
जिन्दगी तेरे लिए हो गई ।
सुख-दुख में साथ में जीने की
जीवन की राह जो मिल गई ।

जीवन में खुशियां मिलते ही
जीने की राह भी मिल गई ।
जीवन में एक साथी मिला
जिन्दगी जैसे ही बदल गई ।

जिन्दगी कभी हँसाती है
कभी किसको रुलाती है ।
जिन्दगी में कब क्या हो जाए ?
नहीं किसी को बताती है ?

जीवन ही जिन्दगी का नाम है,
सुख-दुख साथ में आते जाते हैं ।
खुशी और गम के रिश्ते जुड़े हैं,
कब किसके साथ में जुड़ जाते हैं ?

जीवन की राह कठिन है यारों,
पग-पग में काँटे मिलते हैं ।
काँटों के दर्द को सहकर भी
जीवन की मंजिल को पाते हैं ।

ऐसी डगर कठिन जीवन की
फिर भी जिन्दगी जीते हैं ।
राहें चाहे कठिन हो जितनी
फिर भी मंजिल को पाते हैं ।

अमीरी और गरीबी भी
साथ में इसके चलती है ।
गरीबी जिसके साथ में होती
वो जिन्दगी दुखदाई होती है ।

जीने की राह जिसे मिल जाए
जीवन सफल भी हो जाता है ।
राह बहुत कठिन हो फिर भी
जीवन में खुशियां पा जाता है ।

जिन्दगी तेरे लिए हुई
जीवन दोनों का सफल हुआ ।
जिन्दगी में जो भी पाया है
उसको पाकर संतोष हुआ।

श्रम में नहीं कोई भ्रम

शैलेंद्र कर विमल
(पता :- प्रयागराज, उत्तर प्रदेश)

हर कोई श्रम करता है
कोई मोल-भाव ही करता है,
तो कोई मोल-भाव नहीं करता है
मुझे श्रम के धर्म से जुड़ना पसंद है।

वो तोड़ती पत्थर
वो तोड़ रही पत्थर,
क्या वो तोड़ती रहेगी पत्थर
एक न एक दिन सूरज पिघलेगा
हमसफ़र बनकर।

चुनौतियों से तकनीक ने राहत दिलाई है
खेतों में फ़सलों की कटाई
मशीनों से आसान हो आई है,
उत्पादन में वृद्धि होती देख किसानों को
खुशहाली की दिशा दिखाई है,
लेकिन अभी भी किसानों की
जलवायु परिवर्तन से लड़ाई जारी है।

काम करने की शर्तों में
परिवर्तन जरूरी है,
खेतों में वृक्षों की छाँव-सी
व्यवस्था अनिवार्य है,
न्यूनतम श्रम दर में वृद्धि
होते रहने की नियति है,
सिस्टम बना कर अद्वितीय सोच से
समाधान की आशा पूरी होती है।

हमारे श्रमिकों ने २४ घंटे
सेवाएँ प्रदान की हैं,
शनिवार, रविवार और त्योहारों के
अवकाश की परवाह नहीं की है,
रेल का पहिया चलता रहे,
हर कोई अपने गंतव्य
सुरक्षित पहुँचता रहे।
हर रेलकर्मी ने समर्पित होकर
अपने कर्त्तव्य की पूर्ति की है।

श्रमजीवियों ने श्रम के मर्म को
भावों में पिरो दिया है,
हर स्तर पर हो रही उपेक्षा को
शब्दों से उल्लेखित किया है,
हुक्मरानों तक जायज़ माँगों को
स्वीकारने को स्वर दिया है।
कृषकों को भी कृषि विकास का
कार्यभार देकर सम्मानित किया है।

जंगल के साए

संजय कुमार राव
(पता :- गोरखपुर, उत्तर प्रदेश)

मेरी नज़रों में जंगल के साए हैं।
लगते अपने कितने आज पराए हैं।।

दीपक-बाती की है, अब दरकार नहीं।
अँधियारों के मेले आज सजाए हैं।।

आशाओं पर टिका हुआ है ये जीवन।
पानी में कागज़ के नाव बहाए हैं।।

झूठी शानो-शौकत पर मिटते जाते।
खुशियाँ इससे बोलो कितने पाए हैं!!

साँझा-चूल्हा जला दिया है ,नीम-तले।
पिकनिक हमसब आज मनाने आए हैं।।

काश तुम्हीं कह देते यारा

संजय कुमार राव
(पता :- गोरखपुर, उत्तर प्रदेश)

काश तुम्हीं कह देते यारा, प्यार तुझे करते हैं हम।
अब पछताने से क्या मिलना, या करने से आँखें नम।

तेरी आँखों में देखी मैंने अपनी परछाई थी,
तेरे स्मित चेहरे में दिखती कितनी सच्चाई थी।
तेरे सच्चे भाव और तेरा वो प्यारा अपनापन,
दिल में मेरे पैठ बनाके प्यार की अलख जगाई थी।
सूरज तो सूरज ही होता, तपिश तेज हो या मद्धम।
काश तुम्हीं कह देते यारा ....

संग में पढ़ना-लिखना संग में, बात-बात में इतराना।
मेरी नादानी पर तेरा सखाभाव से समझाना।
जब भी सोचा साथ खड़ा पाया तुझको मेरे साथी,
सब आया पर ये ना आया, प्यार हुआ है जतलाना।
मेरी साँसों में तुम बसते, तेरी साँसों में बस हम।
काश तुम्हीं कह देते यारा ....

जीवन-पथ पर आगे बढ़ते, जाने कैसे दूर हुए।
मन में देखे थे जो सपने, बरबस ही वो चूर हुए।
काश हमें हिम्मत होता कह पाते मन की वो बातें,
ऐसे दिन ना होते जो हम जीने को मजबूर हुए।
गुणा-भाग तो कर ही लेते, थोड़ा ज्यादा या कुछ कम।
काश तुम्हीं कह देते यारा ....

लुखिया का संदेश

स्व० प्रेमशीला विजय प्रताप कुशवाहा "संगम"
(पता :- कुशीनगर, उत्तर प्रदेश)

क्यों उसे इतना तड़पाते हो,
क्यों नफ़रत की आग लगाते हो।
क्या कमी है तेरे महबूब में,
जो तवायफ़ खाने का चक्कर लगाते हो।

जब तुझे लंजिका ही पसंद है,
तो क्यों उसे शरीक-ए-हयात बनाया।
क्यों उसकी खुशियों को मिट्टी में मिलाया।
मैं तुझसे पूछती हूँ - हे, ज़ालिम,
क्या तुम कभी खुश रह पाओगे?
जब अपने संगिनी को कोठे पर पाओगे।

मैं एक लुखिया होकर तुमसे,
अपना अनुभव बताती हूँ।
जाओ अपने वामांगिनी संग,
तुमसे एक ही अर्ज़ लगाती हूँ।

वह तुम्हारा प्यार पाने के लिए,
खुद को बहुत तड़पाती है।
जो बिरह आग में अपने को
स्वयं झुलसी हुई पाती है।

जाओ, उसकी चाहत में -
अपने दिल की चाह मिलाओ।
अपनी प्रियतमा के प्यार में,
फिर चार चाँद लगाओ।।

फागुन

अमृत बिसारिया
(पता :- दुबई)

फागुनी फिजाएं मन में समाएं,
गुलाबी खुशबू महकने लगी है।

रंगों की शोखियाँ घटाएँ बनी यूँ,
उमड़ने-घुमड़ने- सी मन में लगी हैं।

पिचकारी से निकले ये रंग सातों,
इंद्रधनुषी क्षितिज भी निखरने लगी है।

बसन्ती आभा चमन और पवन में,
होली की सरगम थिरकने लगी है।

बजे धमाल-चौताल यहाँ झूम-झूम
रंगों में फागुन इतराने लगी है।

रंग-गंध में महके टेसू लाल -पलाश,
डालों पर मस्तियाँ झूमने लगी हैं।

याद आयें बिछड़े सब साथी हमारे
रंगीनियों में फागुन भीगने लगा है।

किसलय

अमृत बिसारिया
(पता :- दुबई)

बसंत मंजरी महक उठी लहरा कर,
दिग- दिगंत मचल रहा हो प्रमुदित मन ।
भ्रमवश भ्रमर सुमन-सुमन भटक रहे,
किसलय से लद गयी डालियाँ मुदित ।
मन, बट वृक्ष ने ओढ़ लिए पात-सघन,
हमीं नहीं सुर- नर- मुनि भी ऋतु बसंत की ।
करे प्रशंसा, भ्रम जाल में क्यों उलझा?
इस झुरमुट से बाहर आ, आया है मधु ।
मास ऋतुराज ख़ुशी से मुस्कुरा,देख
प्रकृति की अद्भुत माया ठूंठ किसलय ।
सजे , सुगंध कालिका करे प्रवाहित ,
मंत्र मुग्ध रति नृत्य करे।।

भक्त शिरोमणि हनुमान

अमृत बिसारिया
(पता :- दुबई)

जय भक्त शिरोमणि जय हनुमान,
हे राम भक्त जय हनुमान,
अतुलित शक्ति महा बलदाई ,
राम भक्त के सदा सहाई।

पवनपुत्र गतिशील भक्ति वीर,
समझ फल किया सूर्य पान जब,
विश्व आच्छादित अंधकार तब,
त्राहिमाम कोई मुझे उबारो,
तब तुमने कल्याण किया।

अंजनी पुत्र महा फलदाई,
संतन को तुम सदा सहाई
जीवन कठिनाइयों के तुम संघारक,
श्रद्धा और समर्पण के साक्षात् हो चित्रण।

हनुमान की ज्योति निराली,
राम भक्ति में लीन सदा बलशाली,
लंका- सेना गर्जन सुन कंपित हुई,
लंका जारी सिया सुध लाए,
लाए संजीवन लखन बचाएं,
हे बल बुद्धि निधन जय हनुमान।

हृदय तुम्हारे रामधाम है,
त्रिलोक के तुम सदा सहायक,
रुद्र रूप पहचान तुम्हारी,
मानव हित हुए सुजान,
हे भक्त शिरोमणि जय हनुमान।

मन की पीर

अमृत बिसारिया
(पता :- दुबई)

पीर अनदेखा किया, पर पीर रिसाती है सदा,
दर्द मुझको भी अब बयाँ करा चाहिये,
फिर हिमालय से कोई, धारा निकलनी चाहिए।

भावनाओं को दे सहारा, जर्जर दीवार हुई प्यार की,
अब संभलनी चाहिए, फिर कोई गंगा निकलनी चाहिए।

चेतनाओं की दीवारें फिर से हिलने हैं लगी,
प्यार की कोई बुनियाद होनी चाहिए,
मन से अमृत-धार बहनी चाहिए।

कोशिशें मिलकर करें,यदि मन में तंज है भरा!
छल-दंभ, डूबना चाहिए,
प्यार की गंगा कोई फिर से निकलनी चाहिए।

प्रेम का अर्थ है, हित की तुम्हारे कामना,
उत्सुकता अंदर बाहर एक-सी,
इन फरेबी दीवारों को फिर से गिरना चाहिए,
एक नई दुनिया बसानी चाहिए।

हो ज़ुबां केवल मधुर, मन में दंश हो सर्प का ?
रचना नहीं यह चाहिए, इस भाव की दीवार गिरनी चाहिए,
फिर कोई गंगा निकलनी चाहिए।

हाँ मैं प्रीत बुनती हूँ

अमृत बिसारिया
(पता :- दुबई)

हाँ मैं प्रीत बुनती हूँ ,हाँ मैं प्रीत बुनती हूँ ।
प्रश्न कई गुनती हूँ ? हाँ मैं प्रीत बुनती हूँ ।

हाँ मैं प्रीत बुनती हूँ , प्रश्न कई गुनती हूँ ।
ख़्वाब अनेको संजोए मन में चलती हूँ,
हाँ मैं प्रीत बुनती हूँ , प्रश्न कई गुनती हूँ ?
हाँ मैं प्रीत बुनती हूँ...

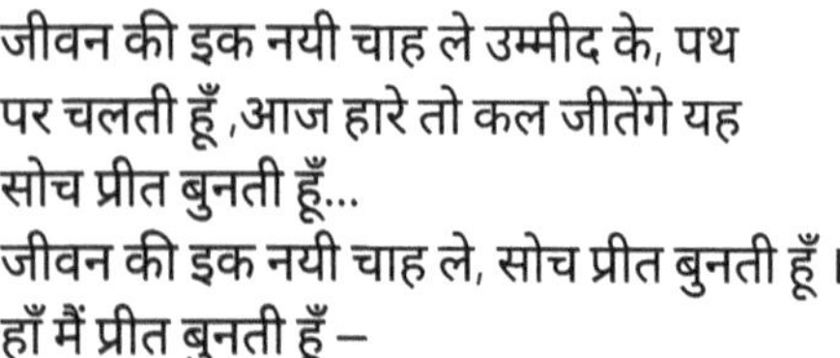

जीवन की इक नयी चाह ले उम्मीद के, पथ
पर चलती हूँ ,आज हारे तो कल जीतेंगे यह
सोच प्रीत बुनती हूँ...
जीवन की इक नयी चाह ले, सोच प्रीत बुनती हूँ ।
हाँ मैं प्रीत बुनती हूँ –

कलम हूँ इतिहास बदलने का दम रखती हूँ,
अनेक भ्रांतियों को छोड़, शांति लिखती हूँ ।
कलम हूँ, इतिहास बदलने का दम रखती हूँ ।
हाँ मैं प्रीत बुनती हूँ...

बेहतरीन ज़रिया हूँ,दुःख दर्द प्यार बयाँ करने का ,
न आहें, न आँसू के बिना सब कुछ कह देती हूँ ।
हाँ मैं प्रीत बुनती हूँ, सब कुछ कह देती हूँ ।
हाँ मैं प्रीत बुनती हूँ...

प्रीत की इक कमनीय छुवन हूँ मादकता संग,
तुम्हारे गुल के गुलशन को गुलज़ार करती हूँ ।
हाँ मैं प्रीत की छुवन हूँ...
न आहें न आँसू के बिना सब कुछ कह देती हूँ ।
ख़्वाब अनेको संजोए मन में चलती हूँ।
हाँ मैं प्रीत बुनती हूँ...

आशा

अमृत बिसारिया
(पता :- दुबई)

आशा का संचार लिये फिरती हूँ,
भावों का अवलम्ब लिये फिरती हूँ,
ठोकर लगती नम होती आँख मेरी,
फिर भी कल आधार लिये फिरती हूँ ।

हों लाख भावनायें खंडित तो क्या ?
घायल मन का उद्गार समेटे मन में ,
नव जीवन का नव रंग लिये दिल में ,
अम्बर विस्तृत अम्बार लिये फिरती हूँ ।

कल का सुनहरा पल लक्षित है ,
हों लाख भावनायें खंडित फिर भी,
रात अंधेरी हुई शबनमी तो हो ?
किरणों का तार लिये फिरती हूँ ।

नंदनवन ख़ुशबू मन झंकृत करता,
अक्षर-शब्दों से गीत बना लेती हूँ ,
मन के भाव ही सरगम बन जाते,
ले सुकून के थोड़े पल फिरती हूँ ।

जीवन है तुंग-शिखर प्रस्त्रवण-सा,
घायल हों, आगे बढ़ सलिला जैसा।
राहों से भावों का सरगम लें कुछ,
रंगीन फ़िज़ा के संग मैं फिरती हूँ।

छोड़ो न

अमृत बिसारिया
(पता :- दुबई)

क्यों बाल की खाल निकालते हो? छोड़ो न सरकार ।
कोमल हूँ, कमज़ोर नहीं।
कालिका हूँ, मदहोश नहीं।
ख़ुशबू, रंगत,मोहक है,
काँटों से याराना रखती हूँ ।
क्यों पूछते हो बार बार मुझसे? छोड़ो न सरकार ।
गुल गुलशन गुलज़ार भी हूँ,
ख़ुशियों का त्योहार भी हूँ,
नाज़नीन नाज़ुक भी हूँ,
करती वार बिन शमशीर भी हूँ ।
क्यों धार पर उँगली रखते हो ? छोड़ो न सरकार।
माँ का आँचल गमगीन भी हूँ,
मानव का रूप निखारती हूँ,
रणचंडी, काली,दुर्गा भी हूँ ,
कोमल हूँ कमज़ोर नहीं,
क्यों बार बार आज़माते हो ? छोड़ो न सरकार।

न होता संविधान तो आज

कंचनलता मनहर
(पता :- पुछेली, पथरिया, मुंगेली, छ.ग.)

संविधान ही न दिया है, बाबा साहेब ने,
वो सारा हक भी दिया है,
आज मैं जिस मुकाम पे हूं,
ये उसके कुर्बानियों का सिला है।

न होता संविधान तो आज,
दबी होती किसी के चरणों के दासी बन,
दासी से रानी बनाया है आपने,
तभी तो चलते हैं सीना तान।।
संविधान.........

न होता संविधान तो आज,
कोख में ही मर जाते हम,
महिला पुरुष का अनुपात बिगड़ता,
बेटियों को ये दुनियां बोझ समझता,
संविधान.........

न होता संविधान तो आज,
बचपन में ही हो जाती ब्याह,
कच्चा तन, कच्चा मन,
रो रो कर गृहस्थी चलाते हम,
संविधान.........

न होता संविधान तो आज,
पति के लाश पर सती बन,
होती मेरी मौत पे जश्न
न होती किसी की आंखे नम,
संविधान.........

न होता संविधान तो आज,
दहेज के आग में जल जाते हम,
वो दूसरी शादी का जश्न मनाते,
मेरे बच्चे भूखे मर जाते,
संविधान.........

न होता संविधान तो आज,
सिमटी रहती चार दिवारी पर हम,
जुल्म सहती शोषण सहती,
किसी के सामने न खुलती ये लब,
संविधान.........

न होता संविधान तो आज,
न होता पिता, पति के जायदाद पे हक,
रह जाते जिंदगी भर,
एहसान तले दब
संविधान.........

न होता संविधान तो आज,
न होती मेरी हाथों में,
कॉपी, किताब, और कलम,
रह जाती अनपढ़, गंवार, हम,
संविधान.........

न होता संविधान तो आज,
अपनी हुनर को न जान पाते हम,
न बनते डॉक्टर, वैज्ञानिक, शिक्षक,
न होती हमारी कोई पहचान,
संविधान.........

न होता संविधान तो आज,
अपनी मर्जी से जी न पाते हम,
सोच समझ न होती उतनी,
आज पढ़ लिख कर है जितनी,
संविधान.........

एहसास

मिथिलेश तिवारी 'मैथिली'
(पता :- प्रयागराज, उत्तर प्रदेश)

एहसास इस पावन प्रणय का
जैसे कोई महक़ता गुलदस्ता है ।
मोहताज़ नहीं ये ढलती वय का
इसका तो बस सौरभ से रिश्ता है ।।

हृदयंगम जीवन सुधा का
झर-झर झरता झरना है ।
निश्छल पूर्ण समर्पित मुग्धा का
अनुरंजन एक-दूजे को करना है ।।

कलरव जगती के मेले में
प्रेम कहीं खो सा जाता है ।
पर जीवन की संध्या बेला में
यह एहसास चरम पर होता है।।

परे स्वार्थ अवसादों के
आनंद शिखर को छूते हैं ।
लब्ध सभी उपादानों के
संग प्रेम अवन रस पीते हैं ।।

उर अंतर की गलियों में
अब गूँजती प्रणय शहनाई है ।
कंपित परस्पर गरलबहियों में
फिर विश्वास ने धुन बजाई है ।।

हमराही ये जीवन सफर के
ऐसे ही आगे बढ़ते जाएँगे ।
कुछ पल आयुष और ठहर के
हेतु प्रणय के बनते जाएँगे ।।

अयोध्या

मिथिलेश तिवारी 'मैथिली'
(पता :- प्रयागराज, उत्तर प्रदेश)

सज रही अयोध्या आज
श्री राम लला के स्वागत में।
है सत्य सनातन का आगाज़
श्री राम भक्त के जनमत में।।

जले दीप हर घर में।
बन जाए अवध अनन्ता ।
उल्लास भरा है अतःउर में
जय श्रीराम कहे सब जनता।।

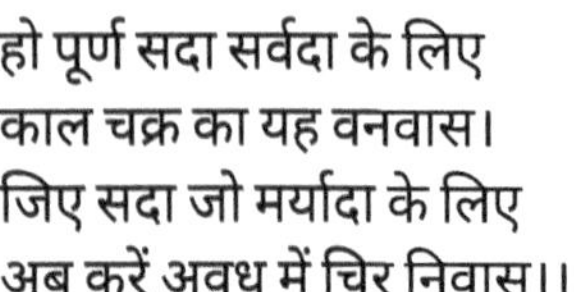

हो पूर्ण सदा सर्वदा के लिए
काल चक्र का यह वनवास।
जिए सदा जो मर्यादा के लिए
अब करें अवध में चिर निवास।।

फैला कण-कण में विकास उजाला
बन रही सापेक्ष एक विरान पुरी ।
समय का है सब खेल निराला
उभरी विश्व पटल में बन धर्म धुरी ।।

विस्तारित चहुँ दिस धर्म की सत्ता
हो रही राम-मय यह सृष्टि सारी।
स्वायत्तता की बढ़ रही है महत्ता
आई फिर से रामराज्य की बारी।।

पर स्वीकार नहीं इस रामराज्य में
'मैथिली' फिर सीता का बनवास।
सबका साथ सभी के विकास में
विलग न हो राम श्री से है ये विश्वास।।

ज़माना कितना

तुलसीराम "राजस्थानी"
(पता :- नावां सिटी, राजस्थान)

ज़माना कितना, बदनाम हो गया
जाने क्यों आदमी, शैतान हो गया।

प्रेमभाव दिखता नहीं, आस-पास ही
घर-घर महाभारत, घमासान हो गया।

कानून-कायदा है, सब किताबी बातें
न्याय की आस में, घर नीलाम हो गया।

भाई की आँखों में, सगा भाई ही खटके
मैयाजी की कोख का, अपमान हो गया।

दिलासे दिलाने से, भरता नहीं है पेट
लोकतंत्र का झूठा, बखान हो गया।

खेत, खेत नहीं रहे, अब बाड़ें ही रह गईं
धरती की काया का, अपमान हो गया।

स्वतंत्रता के गीत, मन को नहीं सुहाते
आदमी अब आदमी का गुलाम हो गया।

'राजस्थानी' कहे, पर सुनवाई कौन करे
सरकारी तंत्र सारा ही, बेईमान हो गया।

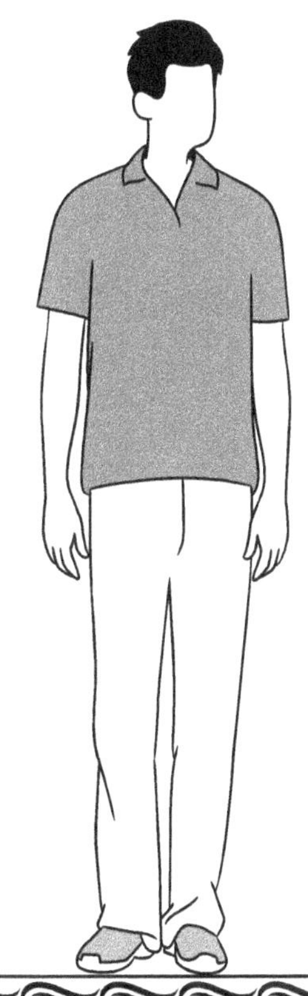

अधूरी ख्वाइश

काजल कचवाया
(पता :- पलवल, हरियाणा)

तलब उठी कुछ लिखूं तुझ पर
मगर,
कलम जो ख़ाली थी ।
सिलसिला शुरू किया स्याही बनाने का ,
आंखों ने ।
दिल ने सिफारिश जो की थी, चुपके से ,
आंखों से ।
स्याही तो मिली !
मगर ,
अल्फ़ाज़ मुकर गए ।
स्याही और,
कलम
अजनबी से हो गए।
यूं मुकर जाना अल्फ़ाजों का,
समझी नहीं मैं,
शायद,
अल्फाज़ से परे,
अहसासों का रिश्ता था तुझसे मेरा।
ये कलम,
फिर से जुट गई।
इस बार
कुछ पुरानी यादों के,
पन्नों तक गई ।
सहसा दो बूंद गिरी !
ये स्याही नहीं,
ना शिकायतें थीं।
हां कुछ,
अधूरी ख्वाइशें थीं,
जिनकी उम्मीदें,
तुम्हारे पैरों तले रौंदी गई थी।
अनजाने में ही सही !
खैर,
लिखना शुरू किया!
आईने सा साफ़ कभी,
तो कभी
उलझा- सा सवाल है तू,
खिल उठे सोचकर
चेहरा जिसे
हां,
वो ख्याल है तू।
यूं तो,
मेरे मन की अंधेरी गलियों का
उजाला भी तू है,
सच
इस जहान में मेरे आने का
बहाना भी तू है ।
माना
मेरा भी जिक्र,
जुबां पर तेरी राज करता है।
ना जाने फिर
क्यों ?
ये मन डरता है!

वाकई ,
मेरा होना,
तेरे लिए अहम है?
या सिर्फ़,
मेरा वहम है ?
इन बातों की कोई नींव
तो नहीं है,
मगर।
इनका होना भी यूं ही नहीं है!
मेरी तबीयत नासाज थी
जिन दिनों,
काश ,
तू मेरे पास होता।
मुझे,
मरहम का एहसास होता
उन दिनों!
पूछे कोई एक शब्द में
अहमियत तेरी!
धड़कन दिया है
नाम तुझे,
कोई
मापे तो सही,
जरूरत मेरी।
तू,
ये समझता भी है?
या नहीं?
तेरा मुझसे,
रूह का रिश्ता भी है?
या नहीं?
सोचना एक बार।
तुझसे
मेरी अर्जी है,
मैं जुबां से नहीं कहूंगी,
आगे तेरी मर्जी है!
जो लिखा है
तुझ पर,
वो शिकायतें हरगिज नहीं
बस कुछ अधूरी ख्वाईशें हैं
.... अधूरी ख्वाइशें हैं।

कलम से इतिहास लिखेंगे

अरुणा अग्रवाल
(पता :- लोरमी, मुंगेली, छ.ग.)

इतिहास से मिले हमें सूचना
प्रेरणा,यादगार लम्हा-आनन।
भूतकाल का रहता भंडार
जिसे मिलता सुकून उपहार।।

कोई मेहनत,ज्ञान,विज्ञान,धन
हम लिखेंगे,उसे कलम,मार्जन,
ताकि कुछ नामचीन संग्रहालय
देश,दुनिया के लिए होगा बलय।।

चाहे हो भाषा,व्याकरण,योग
उसके बुते लिखेंगे इतिहास।
पूर्वजों के संस्कार,सभ्यता
प्रायः होता आधार इतिहास।।

कोई रंग,तूली से सजाता कला
हम लेखनी से चित्रण मृणाल।
चाहे राम,कृष्ण,विवेकानंद
इतिहास का सृजन सानंद।।

कलम है हमारा औज़ार,तोहफ़ा
जिसमें रचित वर्तमान इजाफ़ा।
भविष्य के लिए भी कुछ संदेश
इतिहास की गरिमा होगी सुहास।।

हम तो कलम से इतिहास लिखेंगे

अधि० मणिशंकर दिवाकर
(पता :- चंदनू, बेमेतरा, छ.ग.)

हम तो कलम से इतिहास लिखेंगे,
दुनिया में हो रही बुराइयाँ लिखेंगे।।

जब तक ना जागेंगे लोग, जगाते रहेंगें।
हमें अपनों-गैरों से मतलब नहीं, सच बताते रहेंगे।।

छल कपट है लोगों के दिल में,
मानवता का पाठ पढ़ाते रहेंगे।
एक-दूसरे के सुख-दुख में,
सहारे के लिये हाथ बढ़ाते रहेंगे।।

मन में भरी निराशा लोगों की,
आशा भरी मुस्कान लाते रहेंगे।
हम अमीर-गरीब, सभी सुख-दुख में,
साथ निभाते रहेंगे।।

झूठे पर्दे को हटाकर सच का,
आईना दिखाते रहेंगे।
जन्मों-जनम तक हम नहीं तो,
कोई और कलम चलाते रहेंगे।।

हम तो कलम से इतिहास लिखेंगे।
दुनिया में हो रहे बुराइयाँ लिखेंगे।।

यादें

रेनू सिंह
(पता :- रुद्रपुर, उत्तराखंड)

कैसी भावना हैं यादें ?
इसकी कीमत तब समझ में आवे,
जब कोई अपना चाहने वाला,
आपसे दूर चला जावे।

भरी महफिल में होकर भी,
तन्हाई का नाम है यादें।
अपनों से दूर रहकर
किसी की इंतजार हैं यादें।

बीते हुए लम्हों की यादें,
कभी रुलाती तो कभी हँसाती है।
बिताए हुए तुझ संग कुछ पल,
याद बनकर रातों को जगाती है।

मीठी-सी अहसास है यादें,
दिल की आवाज है यादें।
अगर जीना है जिंदगी को
भर लो मन में ढेर सारी यादें।

वह ज़माना गुज़र गया

पूर्णिमा सिंह
(पता :- नागपुर, महाराष्ट्र)

वह ज़माना गुज़र गया जब साथ हिल-मिल सब रहते थे,
एक खाट हुआ करती थी जिस पर सब बैठ रहते थे,
और चाय की चुस्कियों के साथ हँसी-ठहाके होते थे।
बातों का सिलसिला भी कुछ ऐसा होता था,
जिसमें परिवार गाँव ही नहीं देश पर चर्चे होते थे।
वह ज़माना गुज़र गया...
वह चूल्हे और अँगीठी के खाने का स्वाद ही अलग था,
जब किसी के आने पर गिलास में लस्सी पीते थे,
कोई बच्चा भूखा ना सोता था,
एक के यहाँ ना चूल्हा जले तो दूसरे के घर भोजन होता था,
भोग विलास की चिंता जो छोड़ जब सब आराम से सोते थे।
वह ज़माना गुज़र गया...
बुजुर्गों का सम्मान सदैव होता था,
घर के मुखिया का ही निर्णय सर्वोपरि होता था,
घर के बड़ों से बच्चों में संस्कार गढ़े होते थे,
वह ज़माना गुज़र गया...
सूरज के उगने पर चिड़ियों की चहचाहट सुनाई देती थी,
किसी को प्रभात फेरी की आवश्यकता ही नहीं होती थी,
घर में ही इतना काम था कि सब स्वस्थ और मस्त रहते थे।
सुविधा तो कम थी लेकिन सभी संतोष में रहते थे,
बैर भाव कम ही होते थे।
ज़रूरत हो किसी को तो सब साथ खड़े रहते थे,
वह ज़माना गुज़र गया...
चाँद पर तो नहीं पहुँचे थे पर चाँद से जुड़े ज़रूर रहते थे,
घटे-बढ़ते चाँद से ही दिन तय होते थे घड़ी तो नहीं थी,
पर सूरज को देखकर पल-पल के समय जुड़े होते थे।
अब कहाँ है वह ज़माना जब सब हिल-मिल रहते थे।
कटु वचन तब भी थे पर सबके दिल बड़े होते थे,
एक बेटी के विवाह के लिए सारे गाँव के लोग इकट्ठे रहते थे,
परिवार के रिश्तों में बड़ी पवित्रता थी,
रिश्ते-रिश्ते होते थे छोटे-बड़े नहीं होते थे,
अब वह ज़माना कहाँ जब सब हिल-मिल रहते थे।।

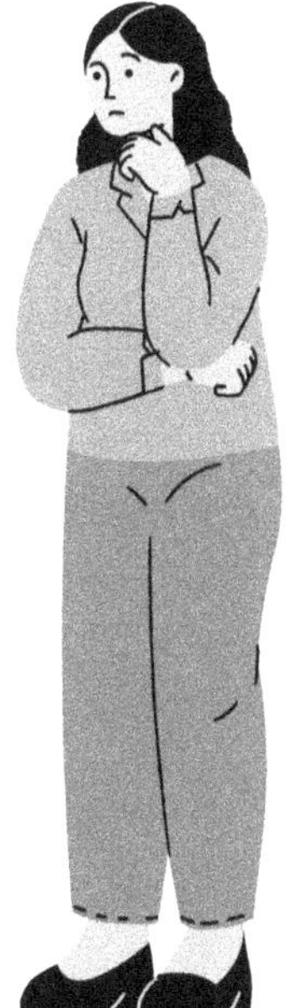

एक सुबह थी गुनगुनी-सी

पूर्णिमा सिंह
(पता :- नागपुर, महाराष्ट्र)

एक सुबह थी गुनगुनी-सी,
वह शाम दर्द भरी बीती,
तो सोचो रात का आलम क्या होगा ?
वह मुलाकात जो थी मदभरी-सी ,
उसके बिछड़ने का आलम क्या होगा ?
वह स्वर जो प्रेम भरे सुरीले से,
उनके दर्द का नग़मा क्या होगा ?
जो नज़र मिलते ही हया से शर्माती थी
उस नज़र के खामोश और
रुख़सती होने का नज़ारा क्या होगा ?
जो मिलने की चाहत में जीते थे,
वह बिना मिले ही बिछड़ गए,
उसे बेदर्द चाहा और राह का आलम क्या होगा ?
जो कहकर सब कुछ कह गए,
जो बिना कहे ही रह गए,
उसके अनकहे बोलो का आल्हा क्या होगा ?
जो अश्रु आँख से बह गए ,
जो अश्रु आँखों में रहकर भी रह ना सके ,
तो उन अश्रुओं को घुटकर पीने का
मय का प्याला क्या होगा ?
जो बिना मिले भी चहकते थे,
आज मिलकर भी खामोश हैं,
एक ऐसी खामोशी का
दम घुटकर रहना क्या होगा ?
कुछ दूर चले साथ मगर,
बीच राह में ही छोड़ दिया,
उस सूनी राह का मंज़र क्या होगा ?
जो फूल कभी गुलाब का साथ था,
अब वही काँटा बनाकर चुभता है,
ऐसे मिले जख़्म की आह और

उसका मरहम क्या होगा ?
जिससे कभी दिल धड़कता था ,
आज उसी से मध्म है ,
तो ऐसे धड़कते दिल का क्या होगा ?
अगर मध्म होकर दिल रुक ही गया,
तो ऐसे जनाजे का क्या होगा ?
जो शाम कभी खुशनुमा थी ,
आज सन्नाटे में बदल गई ,
ऐसी भयावह सन्नाटे की
गूँज का आलम क्या होगा ?

मुहब्बत खुद से कर

पूर्णिमा सिंह
(पता :- नागपुर, महाराष्ट्र)

मोहब्बत खुद से हो तो
मोहब्बत कहलाती है।
गैरों से करें तो वह
परवाह बन जाती है।
जीना दूसरों के लिए
खुदा की ख़िदमत है।
कुछ अपने लिए भी जिया जाए
तो ख़ुदा की रहमत है।
चल खुद औरों को भी
साथ चला तो अपनी नियामत है।
खुद के साथ रहते हुए
खुद का बंदा बन
यही तो उसकी चाहत है।
अगर मिल सके ना खुद से
तो जीने का मकसद क्या होगा।
खुद को ही ना समझे अगर
तो ऐसी समझदारी का क्या होगा।
खुद से खुद मिल औरों को मिला
फिर देख तेरा जलवा क्या होगा।
मोहब्बत अगर खुद से की
तो देख तेरा मेहतराम क्या होगा।
ज़िंदगी है तो उसे जी ले ज़रा,
वरना मौत के बाद सब खाक होगा।
खाक जब बनी गर्द और वह उड़ी गर्द जहां में
तो सोच उसका वज़ूद क्या होगा ।
मोहब्बत खुद से की तो बात बने
वरना तेरे आने का मकसद बेवजह होगा ।।

बापू! कैसा देश तुम्हारा?

डॉ० जय प्रकाश प्रजापति
(पता :- कानपुर, उत्तर प्रदेश)

बापू!
कैसा देश तुम्हारा,
आम आदमी
फिरता मारा-मारा।

सरकारी व्यवस्थाएँ
सब धूमिल हैं,
भारतीय अंग्रेज़ सब शामिल हैं,
गरीब आदमी को
मिले न चारा।

क्या सोचा था,
क्या हो गया?
सदाचारी अब
व्यभिचारी हो गया,
चारों ओर लूट मची है,
बलशाली कहता
फिरता यारा-यारा।

आयोग अब मज़ाक बने हैं,
अपने ही तो सब मंत्री बने हैं,
शिक्षित व्यक्ति का
कोई न साथी
वह हुआ कितना बेचारा।

महँगाई !
सुरसा सी बढ़ती,
जनता की जेबें
नित-नित हैं कटती,
हर आदमी
फिरता हारा हारा।।

लोकतंत्र अब
विवश हुआ है,
संविधान से छेड़छाड़ हुई है,
कुछ लोग सब का हक़ मारें,
दलित शोषित
ढोता गारा।

उच्च वर्ग और उच्च हुआ है,
निम्न के साथ खूब खेल हुआ है,
सबकी अपनी विकट कहानी,
आँखें नीची
रोती वाणी,
आम आदमी आम हुआ है,
जैसे-तैसे उसने जीवन जिया है,
घुट-घुट कर
कटता जीवन सारा,
आम आदमी
फिरता मारा-मारा।।

मन का एक झरोखा खोलो

डॉ० जय प्रकाश प्रजापति
(पता :- कानपुर,
उत्तर प्रदेश)

मन का एक झरोखा खोलो,मेरी बात सुनाई देगी।
दिल के किसी कोने में आ,मेरी रूह दिखाई देगी।।

पता नहीं क्यों द्वार बन्द हैं, बन्द हुआ आना-जाना।
तेरी सुंदरता के चर्चे हैं, फिर भी कोई गीत न गाना।
मन में कैसी ग्रंथ पली है, देखो कैसी तेरी सोच हुई।
प्रेम प्यार को हल्के में लेकर, कहाँ कोई अप्रोच हुई।
हुआ उजाला, रवि है निकला,अब बात सुनाई देगी।।
मन का एक झरोखा खोलो,.........................।

मेरा जीवन उजला-उजला, तुम्हें कालिमा दिखती।
पता नहीं क्या हुआ तुम्हें है, मेरी बातें कहाँ जँचती।
तुम पंछी, मैं भौरा लगता, तुम तितली सी मँडराती।
प्रेम भरे इस जीवन में पता नहीं क्यों कलह कराती।
खोलो मन के चक्षु तुम अब, मेरी चाहत दिखाई देगी।।
मन का एक झरोखा खोलो,..........................।

यह दुनिया सतरंगी होती है, मिलते हैं नए ज़माने।
यहाँ तो हर किसी के नित-नित, बदलते रहते पैमाने।
मेरी यादों में तुम बसती हो, तुम गुलाब सी इतराई।
पता नहीं कैसा जीवन है, अपनी बात नहीं बतलाई।
अब समय सुंदर दोनों का, अब ही बात सुनाई देगी।।

मन का एक झरोखा खोलो, मेरी बात सुनाई देगी।
दिल के किसी कोने में आ, मेरी रूह दिखाई देगी।।

बुद्ध तुम्हारी धरा व्याकुल है

डॉ० जय प्रकाश प्रजापति
(पता :- कानपुर, उत्तर प्रदेश)

बुद्ध तुम्हारी धरा व्याकुल है, अब शांति कहाँ आती दिखती!
जिसको देखो उसके आँसू, अब वह गीत कहाँ गाती दिखती!!

तुमने जो भी ज्ञान दिया था, देखो कितना जीवन उपयोगी था!
कुछ तो पाकर धन्य हो गए, कोई-कोई तो बहुत दुरुपयोगी था!
तथागत,सिद्धार्थ बुद्ध हो गए , अब शांति कहाँ आती दिखती!
मन में भ्रांति उपजती फिरती, अब चारों ओर नफरत दिखती!!1!!
बुद्ध तुम्हारी धरा व्याकुल है,.......................................!

आशाओं के केंद्र ढह गए हैं, हर कोई झगड़ा करता दिखता!
शांति प्रयास जो करने थे जिनको, वह घुटने टेकते दिखता!
सब कुछ बदल गया जीवन का, मानवता रोती अब दिखती!
जगह-जगह पर युद्ध हो रहे, करुणा आँसू टपकाते दिखती!!
बुद्ध तुम्हारी धरा व्याकुल है,.......................................!

आज सारी धरा त्रस्त दिखती है, अब फिर से यहाँ जाना!
गरीब, दुखित जीने वालों के मन में प्रकाश पुँज दिखलाना!
मन के भ्रम टूट यहाँ पर अब तो ये मानवता करहती लगती!
बुद्धि का दीपक आप जलाना, शांति वही पर अब दिखती!!

बुद्ध तुम्हारी धरा व्याकुल है, अब शांति कहाँ आती दिखती!
जिसके देखो उसके आँसू, अब वह गीत कहाँ गाती दिखती!!

चलो उठो

डॉ० जय प्रकाश प्रजापति
(पता :- कानपुर, उत्तर प्रदेश)

जो सोच रहे हो, कर डालो तुम,
फिर यह समय नहीं आने वाला।
सोचते-सोचते समय निकलेगा,
फिर सूरज कहाँ निकलने वाला।।

भोर की चिड़ियाँ तुम्हें जगाती,
आओ जग में कुछ नाम करो।
थोड़ा-थोड़ा उड़ना सीखो तुम,
ऊपर उठने के लिए काम करो।।

पता नहीं कितने यहाँ आलसी,
अपना सारा जीवन सोते खोते।
पशु समान ये सब जीवन जीते,
औरों में नकारात्मकता बोते।।

जिसने भी उड़ना सीख लिया है,
वह जीवन में उन्नति कर लेता है।
अपने विचारों को विकसित कर,
वह अपना इतिहास बना लेता है।।

इसीलिए तुम भी आलस त्यागो,
यह समय यहाँ दुवारा न आता।
जो सोया है, उसने ही सब खोया,
वह यहाँ इस धरा पे कुछ न पाता।।

तुम भी तो जागो

डॉ० जय प्रकाश प्रजापति
(पता :- कानपुर, उत्तर प्रदेश)

भारत में
हर कोई हनुमान,
बनना चाहता है,
बस कोई बताने वाला हो कि -
तुममें है असीम शक्ति,
जो कर सकती है-
दुनिया के बड़े से बड़े काम,
जो तुमने सोचा भी नहीं होगा।

यहाँ की दो तिहाई आबादी
आलसी और लालची है,
जो केवल पड़े-पड़े खाना चाहती है,
बस पड़े-पड़े जीना चाहते हैं।

यहाँ हर आदमी को
जगाना पड़ता है,
उसको समझाना पड़ता है कि-
तुम भी राम बन सकते हो,
तुम भी कृष्ण,
तुम ही हनुमान,
बस बनने की ठान लो,
बस अपने आप को जान लो।

ईश्वर ने
सबको समान दिया है,
सबसे बड़ा मस्तिष्क,
हाथ, पैर,
जीवन जीने के लिए
जो आवश्यक हैं वे सारे अंग,
फिर भी तुम इन्हे
हिलाना नहीं चाहते हो,
इनसे कुछ काम नहीं लेना चाहते हो,
क्योकि तुम सोचते हो कि-
ईश्वर खुद आकर सब काम करेगा,
वह आकर तुम्हारी झोली भरेगा।

जिसने-जिसने भी
अपने को जगाया,
अपने हाथ पैर चलाए,
वह कर गया कारनामा,
और ये ही लोग बना गए इतिहास,
बन गए भगवान
जिन्हें हम नित पूजते हैं,
जिनके लिए नित जूझते हैं।।

तुम भी उठ खड़े हो,
हाथ पैर खोलो
बन जाओ हनुमान,
तुम्हें भी हिमालय चढ़ना है,
समुद्र पार करना है,
आकाश की ऊँचाइयाँ नापनी हैं।

जिस दिन तुम!
अपने को जगा लोगे,
उसी दिन कोई महान काम कर लोगे।।

दहके धरा

वेद प्रकाश दिवाकर
(पता :- पासीद, सक्ती, छत्तीसगढ़)

चिलचिल-चिलचिल चिलक रही है,
धरती, अंबर और पाताल ।
अगन धरा की धधक रही है,
नदिया- झरने हुए निढाल ।।

अलसाई-अलसाई लगती,
मधुबन में पेड़ों की भाल ।
शीतलता सुदूर हो गई,
भीषणता बिछाए जाल।।

आसमान उगले अँगारे,
सूख गए गले के नाल ।
तर-बदर हो रहा बदन,
बिगड़ा हुआ है सुर और ताल ।।

सुर्ख हो गए ताल-तलैया,
बहे हवा बनकर बेताल ।
निगल रही सुख-चैन जहान की,
लग रहा कालों का काल ।।

त्राह रहे चहुँ ओर है प्राणी,
कैसे कटे जीवन की काल ।
राह नहीं राहत की कहीं,
मची हुई चहुँ ओर भूचाल ।।

अनहोनी कानन में होती,
रीत हुई बदहाल ।
प्रथा नई संचार हो रही,
ग्रीष्म बने जलाल ।।

निभा रहे सब एक दूजे से,
कलुषित यह भौकाल ।
व्याघ्र, हरिन भूले रीत पुरानी,
संग-संग चले हैं ताल ।।

गगन-मगन हुए तपन धरा की,
हुए सभी बेहाल ।
कैसे बहे जीवन की धारा,
है सबसे बड़ा सवाल ।।

चिलचिल-चिलचिल चिलक रही है,
धरती, अंबर और पाताल ।।

भीम राव अंबेडकर

शरीफ़ ख़ान
(पता :- रावतभाटा, राजस्थान)

स्वाधीनता के लिए जो लड़े,
असमानता की आग में जो जले।
किया सबके संघर्षों का मार्गदर्शन,
वह थे भारत के भीमराव अम्बेडकर।
जातिवाद की बेड़ी को जिसने तोड़ा,
समाज को समानता की ओर मोड़ा।
न्याय की न्यायरेखा के बने प्रवर्तक,
वह थे भारत के भीमराव अम्बेडकर।
संघर्षों के जो थे अप्रतिम सम्राट,
देश के संविधान के जो बने निर्माता।
वो मानवतावादी विचारों के प्रवाहक,
वह थे भारत के भीमराव अम्बेडकर।
उनके विचारों ने वंचितों को ताकतदी,
उनके संघर्ष ने समाज को दिशा दी।
वो बने सामाजिक न्याय की मिसाल,
वह थे भारत के भीमराव अम्बेडकर।
समाज के अंधविश्वास को मिटाकर,
सभी वंचित वर्ग को एक साथ लाये।
वो बने समाजिक विकास के पुरोधा ,
वह थे भारत के भीमराव अम्बेडकर।
उनका संघर्ष से मिली सबको प्रेरणा,
न्याय, समानता के संग सबको जोड़ा।
उनका नारा शिक्षा, संघर्ष व एकता
वह थे भारत के भीमराव अम्बेडकर।

लोकतंत्र और मताधिकार

शरीफ़ ख़ान
(पता :- रावतभाटा, राजस्थान)

लोकतंत्र की सर्वत्र ध्वजा लहराकर,
सर्व जन को मताधिकार समझाएं।।
आम जन की आवाज मत से कराकर,
अपनी अभिव्यक्ति मत से करवाए ।।
न्याय, समता, बंधुता, स्वतंत्रता द्वारा,
देश की प्रगति के मार्ग को अपनाए।।
मताधिकार संविधान की गरिमा बढ़ाकर,
लोकतांत्रिक देश की महिमा बढ़ाए ।।
संविधान मूल्यों को स्थान दिलाकर,
गणतंत्र में संविधान का मान बनाए।।
जनमत की सक्रिय भागीदारी दिलाकर,
हर सपना स्वतंत्र और साकार कराए।।
मत की स्वतंत्रता की अवधारणा को,
सब अमल में लाकर कर्तव्य निभाएं।
जनता के मतदान दिवस को,
लोकतंत्र का एक महापर्व बनाये।
सबको कर्तव्य का बोध कराकर,
जन जीवन का अधिकार दिलाए ।
लोकतंत्र की मर्यादा और महिमा से,
अपने मताधिकार से जागरूक कराये ।
अपने प्रतिनिधि को निर्वाचित करके,
संसद में अपनी आवाज़ को उठाए।
जन जन को मताधिकार की जागरूक कर,
अपने मत से लोकतंत्र की अलख जगाए।

काश! वो बचपन फिर लौट आता

काश! वो बचपन फिर लौट आता।
काश! वो लड़कपन फिर लौट आता।।

जहाँ ना दिन में चैन मिलता,
ना रात को ही सब्र आता।
काश! वो बचपन फिर लौट आता ।।

जहाँ रोते हुए स्कूल छोड़ा जाता,
और हँसता चेहरा वापिस आता।
काश! वो बचपन फिर लौट आता ।।

जहाँ फिक्र ना खाने की,
माँ का हाथ खुद खिलाता।
काश! वो बचपन फिर लौट आता ।।

जहाँ परियों की कहानी सुनकर,
आसमां को था निहारा जाता।
काश! वो बचपन फिर लौट आता ।।

जहाँ ना फिक्र थी दुनिया की,
ना जिम्मेवारियों का डर सताता।
काश! वो बचपन फिर लौट आता ।।

जहाँ ना फिक्र थी किताबों की,
खिलौनों से ही मन था बहलता।
काश! वो बचपन फिर लौट आता ।।

जहाँ ना चाह थी कुछ पाने की,
बस माँ का आँचल मिल जाता।
काश! वो बचपन फिर लौट आता ।।

प्रियांशु
(पता :- मोरनी हिल्स, हरियाणा)

जहाँ ना चाह थी बड़ी गाड़ियों की,
पापा का कंधा ही सैर करवाता।
काश! वो बचपन फिर लौट आता ।।

कविता

पलक शर्मा
(पता :- मोरनी हिल्स, हरियाणा)

कुछ कह कर, ना कुछ कहना।
सब बोलकर भी, खामोश रहना ।
कम शब्दों में, ज्यादा जताना।
यूं सब मिलाकर,
कविता है कवियों का गहना ।

दिल में दबी बात को,
कागज पर उतारना ।
मन के ज्वार-भाट्टा की,
शब्दों की माला पिरोना।

कभी तलाश जनों की,
कभी तलाश मनों की,
तलाश कभी अपनों की,
कभी खुद की तलाश से,
तराशी जाती कविता कवि की ।

कुछ खुशी का सागर ,
तो कुछ बूंदें गमों की ।
कुछ मुस्कुराहट का आलम ,
कभी आहटें उदासी की ।

मुश्किल नहीं है कलम उठाना,
कलम उठाकर कुछ लिखना।
कभी हाले दिल बयां करना,
और कभी आईना जग का लिखना।

कब तक

मोहन सिंह जाटव
(पता :- पगारा, गुना, म.प्र.)

जीवन में इम्तहां बहुत होते हैं, कब तक ?
मौत का इंतजार हैं, आएगी कब तक ?

प्यार पाना चाहता था, मिला नहीं अब तक ।
विश्वास के साथ छल होता रहेगा कब तक ?

घर वाले सदा दोष देते रहेंगे मुझे तब तक।
कोई मुकाम हासिल न हो जाये मुझे जब तक।।

जी लूँगा जग में तन्हाई हैं मेरे साथ तब तक।
जो मिले सफलता एक बार ,दिखा दूँगा जब तक।।

किसी को कहने की कोई बात नहीं छोड़ूँगा तब तक।
आगे चलकर ऊँचा मुक़ाम नहीं पाऊँगा जब तक।।

अपने शिकवे गिले दूर नहीं होंगे तब तक।
मिलना अपना होगा मुश्किल हमारा जब तक।।

प्रेम की गंगा दिलों में बहेंगी हमारे तब तक।
मौड़ न दे कोई दुश्मन धारा को जब तक।।

साथ निभाऊँगा मैं तुम मिलती रहोगी तब तक।
सांस छोड़ दूँगा उस दिन नहीं मिलोगी जब तक।।

देख लेना हर बार मसलन ,देंगे लोग तब तक।
प्रेम में पागल बने घूमेंगे लोग इस जग में जब तक।।

दुआओं में हमें याद रखना

मोहन सिंह जाटव
(पता :- पगारा, गुना, म.प्र.)

वीरन जीवन की पतवार हाथों में थामे रखना।
रहें न रहें हम अपनी दुआओं में हमें याद रखना।।

मन के कोनें-कोनें में, एक हमारी जगह बनाए रखना।
जब भी याद आए हमारी, रुमाल पास बनाए रखना।

मिले थे जीवन के किसी मोड़ पर, बस इतना याद रखना।
याराने में बिताए जो, साथ में पल वो पल याद रखना।।

हर पल तस्वीर को मेरी, अपने जहन में बनाए रखना।
गर सोच कर याद आये हमारी, ख्वाबों में यादें संजोए रखना।।

मैं भी हर पल तुमको, अपनी यादों में सँजोए रखूँगा।
बस हर हाल में तुम अपना ख्याल बनाए रखना।।

जीवन के भँवर में कभी ,डोलने न देना विश्वास को।
भँवर से लड़ने का हुनर ,अपने दिल में जगाए रखना।।

हर क़श्ती पहुँच जाती है, बड़ी से बड़ी मझधार से बाहर।
बस क़श्ती की पतवार को अपने हाथों से चलाए रखना।।

जब तुम्हें दु:खों में, हमारी जरूरत हो अपने पास बुलाने की।
तब हमें अपनी इबादत में एक बार जरूर याद रखना।।

दौड़ कर न आऊँ तुम्हारे पास तो कोई दु:ख मत करना।
अपने हौसलों की उड़ान को, बस ऊँचा बनाए रखना।।

जब भी मौका मिलेगा, तुमसे मिलने जरूर आऊँगा।
जहन में बस हमारी यादों को हमेशा बनाए रखना।।

पत्थर दिल नहीं हूँ मैं

मोहन सिंह जाटव
(पता :- पगारा, गुना, म.प्र.)

संस्कारों से लगे विचारों की महिमा हूँ मैं ,
मोम है दिल मेरा संग-ए-दिल नहीं हूँ मैं।

बर्बरता की निशानी कभी नहीं बना हूँ मैं,
बातों की कड़वाहट की निशानी बना हूँ मैं।

मिलनसार जीवन की आधार शिला कभी था मैं,
जुदाई की अब जग में मिसाल बन चुका हूँ मैं।

संग दिल सनम हुआ करता था कभी मैं,
बेवफ़ाई का मसलन अब बना हुआ हूँ मैं।

जिसको जो सुनाना है मुझे सुन लेता हूँ मैं,
कभी कोई शिक़वा-गिला नहीं सुनाता हूँ मैं।

फिर से निखार अपने जीवन में एक बार लाऊँगा मैं,
पत्थर दिल से मोम दिल फिर कहलाऊँगा मैं।

जो भी घटित हुआ जीवन में मेरे उसे नहीं फिर दोहराऊँगा मैं,
हँसता खेलता हुआ फिर एक बार लाऊँगा मैं।

धन-संपत्ति

अनिल ओझा
(पता :- इंदौर, मध्य प्रदेश)

धन के पीछे पीछे मानव,
देखो कैसा भाग रहा?
धन के आगे रिश्ते-नाते,
और मित्रता त्याग रहा।।

धुन ये कैसी लगी सभी को,
कैसे भी हो धन आए।
आय अगर हो दो नंबर की,
ये तो सब के मन भाए।।

काला धन यूँ घर में रख कर,
कब तक देगा तू पहरा ?
छुपा नहीं पाएगा बंदे,
राज हृदय में ये गहरा।।

धन लक्ष्मी तो चंचल होती,
ठहर नहीं ये पाएगी ?
चार दिनों की चांदनी बनकर,
अँधियारा कर जाएगी।।

गाड़ी,बंगला अन्य सुविधा,
सब धन से ला पाओगे।
जीवन में सुख-शांति,चैन को ,
मगर कहाँ से लाओगे ?

गद्दे, तकिए,बिस्तर अच्छे,
धन से सब ला सकते हो।
मगर नींद पैसों के बल पर,
कभी नहीं पा सकते हो।।

सुकर्मों के रूप में अर्जित,
जो धन हो भूलोक में।
बन कर सिक्का खरा चलेगा,
सदा ही ये परलोक में।।

महिमा किताब की

ज्ञान कोश से भरी किताबें,
विद्वतजन ये कहते हैं।
नित्य नवेले मिले ज्ञान के,
तथ्य इन्हीं में रहते हैं।।

ग्रंथो में से ज्ञान के निर्झर,
अनंत,अविरल बहते हैं।
सुनो ध्यान से इनकी कल-कल,
बात पते की कहते हैं।।

बोली-सुनी बात की सत्ता,
अल्प समय रह पाती है।
पर पुस्तक में छपी बात तो,
अजर-अमर हो जाती है।।

दूर करे एकाकीपन को,
मित्र सदा बन जाती है।
बोर कभी न होने देती,
मैत्री धर्म निभाती है।।

अगर किताबें न होती तो,
ज्ञान संजोते हम कैसे?
संचित ज्ञान नई पीढ़ी में,
संचारित करते कैसे?

धर्म-कर्म ,संस्कार सिखाते,
नये-पुराने ग्रंथ सदा।
बन कर संबल बाहर लाते,
आन पड़ी हो जब विपदा।।

अनिल ओझा
(पता :- इंदौर, मध्य प्रदेश)

पुस्तक में संसार समाया,
शुभ अवसर पर दें उपहार।
ज्ञान- पिपासु सदा करेगा,
इनसे गहरा सच्चा प्यार।।

होती हैं अनमोल किताबें,
ज्यों जीवन के आभूषण।
ये निखारती मानव मन को,
कलुष भाव करके शोषण।।

छपती है कागज पर पुस्तक,
मूल्यवान है रत्नों से।
बड़ी निराली इनकी महिमा,
सदा सहेजें यत्नों से।।

रवीन्द्रनाथ टैगोर (दोहा)

विशाल जैन 'पवा'
(पता :- तालबेहट, उत्तर प्रदेश)

ठाकुर रवींद्रनाथ से, राष्ट्र धरा है धन्य।
बंगाल पश्च शोभते, महापुरुष को जन्य।।
जोरासांको गेह है, देख हवेली शान।
ठाकुरबाड़ी नाम से, पैतृक पहचान।।
भिखारिणी रच लघु कथा, सर्जन का प्रारम्भ।
आम समस्या देश की, उठा किया आरम्भ।।
आयाम बदल जो दिये, बंगाली साहित्य।
मधुर किये गुणगान हैं, धरा चंद्र आदित्य।।
कालिदास की प्रेरणा, शास्त्रीय गीत वरदान।
आयरिश स्कॉटिश पढ़े, सेक्सपियर रूचिवान।।
बाल विवाह- दहेज में, टैगोर दिखा जब दोष।
प्रथा बंद की सोचते, प्रकट किया लिख रोष।।
समाज में जो व्याप्त हैं, कुरीतियों को देख।
आध्यात्म व इतिहास को, संस्कृति सभ्य सुलेख।।
रचनाएँ फिल्में बनी, दर्शन ओतप्रोत।
स्वर्ण कुमारी हैं स्वसा, देशभक्ति की स्रोत।।
अठरा सौ त्रेसठ सजे, आश्रम का दरवार।
पाठ-भवन के नाम से, मंदिर के संस्कार।।
सन सैंतिस कोमा गये, पीड़ा झेल अपार।
पत्नि-पुत्र के शोक में, वर्षों दिये गुजार।।
सच्चे मन से नमन करें, श्रद्धांजलि हो पूर्ण।
स्वतंत्रता संग्राम में, योगदान सम्पूर्ण।।
उन्निस सौ तेरह मिली, सबसे बड़ी मिशाल।
नोबेल लिया एशिया, कायल हुए विशाल।।

समय

कामिनी
(पता :- मोरनी हिल्स,
हरियाणा)

समय तो बराबर है,
लेकिन सबका समान नहीं।
किसी का अच्छा है,
तो किसी का मेहरबान नहीं।।

समय का इस्तेमाल करें,
इसको ना बर्बाद करें।
समय की पहचान जो करें,
जग में अपना नाम वो करें ।।

बर्बाद जो किया था तुमने,
वापिस ना वो आएगा।
जब याद करेगा इसको,
तो बैठ तू पछतायेगा।।

खाली समय को बर्बाद न कर,
उसका तू इस्तेमाल तो कर।
बाद में दुःख मनाएगा,
जब वापिस ये ना आएगा ?

कलम से इतिहास लिखेंगे

जगजीवन प्रसाद जांगड़े
(पता :- सारंगढ़, छत्तीसगढ़)

नव स्वर्णिम भारत गढ़ने
का संकल्प लेंगे,
कलम से नया इतिहास लिखेंगे।
आने वाली पीढ़ियाँ भी गवाह बनेंगी,
अपनी कलम की ताकत से
नया कीर्तिमान रचेंगे,
मित्रवत, भाईचारे से
लोकतंत्र को बचाए रखना,
ऐसे कलम की स्याही
शब्दों से कभी रूकने न देना,
चलती रहे निरंतर शब्दों की धारा
हर ज़ुल्म पर कलम चलती रहनी चाहिए
उम्मीद का दीप कभी बुझना नहीं चाहिए,
कलम ही हमारी सलामती का औज़ार है
इसे कैसे भूल जाऊँ?
देश के युवा,नौजवान को मेरा यह संदेश
कलम की एक-एक बूँद की स्याही
उनके हर कतरों में हो
जो भारत माता और हमारी रक्षा हेतु
शहीदों पर न्योछावर करता हो
उसे कलम भी नमन करती है,
कलम से इतिहास लिखेंगे!!
कलम से इतिहास लिखेंगे!!

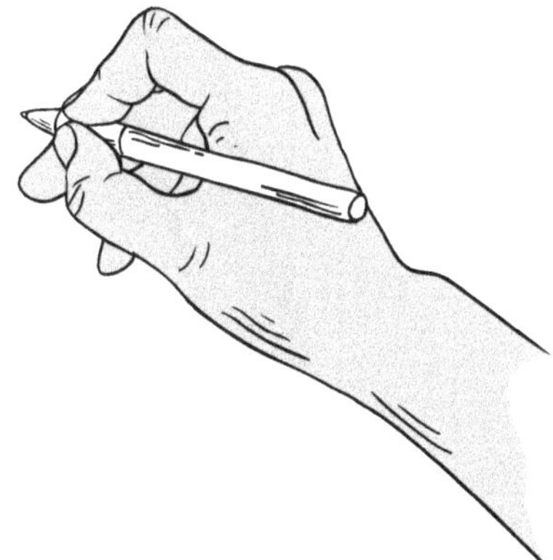

क़लम से इतिहास लिखेंगे

प्रियंका गोस्वामी
(पता :- सारंगढ़, छत्तीसगढ़)

क़लम साहित्य के आसमान का
सबसे चमकीला सितारा,
जिसकी रोशनी से अनगिनत पीढ़ियाँ
रोशन होती रही हैं,
क़लम की शक्ति को जुबाँ कभी
तक़सीम नहीं कर सकती,
ये वो लावा है जो दिलों को
पिघलाने की शक्ति रखता है,
मेरी क़लम मेरे समय की चश्मदीद है
अब वे सदियों की गवाही देंगे,
मेरी कलम अक्षरों से उतर रही है
कागज़ के बदन पर उमड़ रही सुवास,
क्या अतीत,क्या वर्तमान,क्या भविष्य,
क़लम की जादूगरी क़लम है ख़ास,
क़लम से लिखूँगी इतिहास !!

कलम से ही आएगी नई क्रांति

भीम कुमार
(पता :- गांवा, गिरिडीह, झारखंड)

कलम, कटार है तेरे हाथ में,
दो में से तुम एक को चुनो।
इतिहास बदलना है तुम्हें तो
स्वतंत्र लेखनी की ललकार सुनो।
थमा दिया था कटार तुम्हारे हाथों में
पशुता का जीवन जीने के लिए।
शिक्षा से वंचित रखा गया तुम्हें,
तुम्हारा हक-अधिकार छीनने के लिए।
उठो, जागो हाथों में तुम कलम लिए,
क्यों हो तुम सदियों से सोए हुए।
पढ़ो, लिखो तुम जानो इतिहास अपना,
पूरा होगा तभी तुम्हारा सब सपना।
शोषित, वंचित कब तक रहोगे
क्या तुम्हें नहीं चाहिए हक-अधिकार अपना।
कलम अब तुम्हारी ही लाएगी
दुनिया में एक नई क्रांति।
अशिक्षा, असमानता अंधविश्वास की खाई मिटेगी
और मिटेगा आडंबर, पाखंडवाद की सभी भ्रांति।
समता, स्वतंत्रता और सहिष्णुता का भाव जगेगा
जाति, वर्ण, पंथ का भेद मिटेगा
मानवता का बोध बढ़ेगा।
तभी आएगी विश्व में शांति,
कलम तुम्हारी ही लाएगी नई क्रांति।
जज़्बातों को यदि लिख सको
ऐसा मन में विश्वास भरो।
पीड़ितों की पुकार सुनो,
नारी की चित्कार सुनो।
अदम्य साहस है तुम्हारे अंदर में
जंजीर नहीं कलम तुम्हारे हाथों में।
सच को लिखना हरदम भीम!
जन-जन की पुकार सुनो।
कलम तुम्हारे हाथों में है,
स्वतंत्र लेखनी की ललकार सुनो।

तुम्हारे प्यार की सौगात

पूनम सिंह
(पता :- गाजियाबाद,
उत्तर प्रदेश)

मेरा नसीब जमाने में रंग लाया है।
तुम्हारे प्यार की सौगात को अब पाया है।।

भटक रही थी मेरी तो, जिंदगी दर-ब-दर।
मिला सहारा अब तेरा तो चैन आया है।।

बड़ी उम्मीद थी हमको जमाने से यारों।
मुझे जमाने ने हर मोड़ पे सताया है।।

खुशी के बदले मिले गम कई राहों में।
हमारी मंजिलों ने राह को खुद बनाया है।।

ना अब हो कांटे कभी भी हमारे जीवन में।
बड़े दिनों से जहां में सुकून पाया है।।

तुम्हारे प्यार ने 'पूनम' को रोशनी दे दी।
इस जिंदगी को बड़े शौक से सजाया है।।

लिखता हूँ जब......

डॉ० गनेश कुमार सोनी
(पता :- नरसिंहपुर,
मध्य प्रदेश)

लिखता हूँ,
मेरी कलम लिखने को कहती
शब्दों से भी होती पूजा
सजाओ तुम इन फूलों को
इनमें है खुशबू चन्दन-सी।
लिखता हूँ जब
मेरे मन से बात करती
कलम जब चलती
दर्द को बाहर करती-सी।
लिखता हूँ जब
कलम मुझे पढ़ लेती
दिल में छुपी बातों को
वह कागज में उतारती-सी।
लिखता हूँ जब
कलम शब्दों से बात करती
चलती वह जब
पुराने को भी नया करती-सी।
लिखता हूँ जब
कभी दर्द तो कभी प्यार
को उड़ेलती कलम
वह मन को हल्का करती-सी।
लिखता हूँ जब
कलम मेरी साथी बनकर
खुद से खुद का रिश्ता
जीवन में चलती जोड़ती-सी।

मैं कलम हूँ तुम्हारी

डॉ० गनेश कुमार सोनी
(पता :- नरसिंहपुर,
मध्य प्रदेश)

मैं कलम हूँ तुम्हारी
सच को सच, झूठ को झूठ कहने का, साहस रखती हूँ।
मैं कलम हूँ तुम्हारी
मन से मन की बात कराकर, तेरे ही संग चला करती हूँ।
मैं कलम हूँ तुम्हारी
पन्ने-पन्ने पर तेरे मन के भावों को, अभिव्यक्त करती हूँ।
मैं कलम हूँ तुम्हारी
कौन कहता है मैं रुकती हूँ, अरे मैं तो अविरत चलती हूँ।
मैं कलम हूँ तुम्हारी
कोई चेहरा जब सामने आता है, उसे हूबहू उतार देती हूँ।
मैं कलम हूँ तुम्हारी
दर्द को बयां करती हूँ और कभी प्यार भी उलेड देती हूँ।
मैं कलम हूँ तुम्हारी
क्या गलत क्या सही, उन राहों की पहचान करा देती हूँ।
मैं कलम हूँ तुम्हारी
मन के अंदर क्या तुमने सोचा, सबका हाल लिख देती हूँ।
मैं क़लम हूँ तुम्हारी
नहीं करती कोई भेदभाव,सबके संग चला करती हूँ।
मैं कलम तुम्हारी हूँ,
चलती तेरे संग सदा तेरा साहस और विश्वास जगाती हूँ।

अहंकार

डॉ० कमला माहेश्वरी 'कमल'
(पता :- बदायूँ, उत्तर प्रदेश)

विजय पताका कीर्ति,यश,पा सकते संस्कार।
मिट जाते पर नाम तक,पले जु मन हंकार ।।

ध्यान लगा ले सोच ले,गति-मति सुयश सुजान।
घट जाता सम्मान जग , सम दससिर के मान ।।

मैं मैमन्ता त्याग तू ,बढ़ चल अग्रिम ओर ।
तब देखेगा जगत का ,नहीं कहीं पर छोर ।।

अहंकार वो बीज-विष,करे भक्ति का नाश ।
मन बो देता कलुषता, तुच्छ लगे आकाश ।।

अहंकार को शक्ति से , कर खुद के आधीन ।
मिले सफलता औ खुशी,तुझको तत्कालीन ।।

सिर सवार करना नहीं,कभी भूल हंकार ।
ना जाने कब दे पटक , तेरा ये आचार ।।

इन्द्रियनिग्रह मात्र से,कर मन निज आधीन ।
तब हो पाओ तुम स्वयं , गद्दी पर आसीन ।।

तज मन के कालुष्य को,कर सर्वोदय काम।
ना जाने किस रूप में , मिल जायें तब राम ।।

कलम से इतिहास लिखेंगे

डॉ० कमला माहेश्वरी 'कमल'
(पता :- बदायूँ, उत्तर प्रदेश)

निश्चित मावस की तमस छटे,सारा आकाश तिहारा है।
ये कलम लिखेगी अब बहनों,भावी इतिहास तिहारा है।।

डगमग - डगमग डोले नैया,अन्तर्द्वन्दों की धारा जो ।
तुम हो सक्षम भ्रम दूर करो,तोड़ो त्रासों की कारा जो।
ले तेज विजयिनी लक्ष्य बढ़ो,होठों का हास तिहारा है ।।
ये कलम लिखेगी अब बहनों,भावी इतिहास तिहारा है।।

तुम हर उमंग, हर राग-रंग,के सन्दर्भों की कृति सुन्दर ।
हो प्रीति प्रसंगों की प्रतिमा,ममता सजती है आभ्यन्तर।
कोमल कोपल सी भले रहो,आलोक प्रभास तिहारा है।।
ये कलम लिखेगी अब बहनों,भावी इतिहास तिहारा है।।

मुश्किल में धीर धरा सम धर,हिम्मत में मर्दानी भी बन।
तू अनुसुईया-सावित्री सी या उमा, रमा वाणी भी बन ।
तू राधा सी प्रेयसि बन जा , पावन महारास तिहारा है ।।
ये कलम लिखेगी अब बहनों भावी इतिहास तिहारा है।।

तुम चढ़ो शिखर उन्नत-ऊँचे,रोशन भवितव्य बनाने को।
आगामी पीढ़ी के आगे , उद्यमी साहसी बनने को ।
चमके व्यक्तित्व चतुर्दिक है, सारा कैलाश तिहारा है ।।
ये कलम लिखेगी अब बहनों भावी इतिहास तिहारा है।।

प्रज्ञा में रहें प्रगति गति-पथ,संस्कृति संस्कार सभी अपने।
भारती सुता पहचान बनो, तब ही होंगे सच्चे सपने ।
पलकों पर युग के बैठोगी जल,थल नभ-वास तिहारा है।
ये कलम लिखेगी अब बहनों भावी इतिहास तिहारा है।।

ना शेष विशेष क्षेत्र कोई,जँह सिद्धि-प्रसिद्धि न पाई हो।
क्यों आत्महीनता वशीभूत,छिपती फिरती सकुचाई हो।
तुम केतु हाथ में पकड़ो तो,ये विजयोल्लास तिहारा है।।
ये कलम लिखेगी अब बहनों, भावी इतिहास तिहारा है।।

आज राष्ट्र के...

डॉ० कमला माहेश्वरी 'कमल'
(पता :- बदायूँ, उत्तर प्रदेश)

आज राष्ट्र के उत्थान की बात हो,
यानि जग में,यशोगान की बात हो।।

पहले हम से, हो राष्ट्र, हमारे लिए,
बाद उसके किसी मान की बात हो।।

मसअले सारे पल में, सुलझ जायेंगे,
व्यक्ति, निष्ठा औ ईमान की बात हो।।

खूँ ख़राबा बहुत हो चुका अब यहाँ,
प्रेम-सम्बन्ध - निर्माण, की बात हो।।

चूक न्यौता है, आतंक को दे गयी,
आत्म-चिन्तन के अधिमान की बात हो।।

चार दिन को ही बस, ज़िन्दगी ये मिली,
साधना, साध्य, निर्वाण की बात हो।।

डस रहें हैं, अँधेरे, बने नाग से,
अब सबेरे औ दिनमान की बात हो।।

द्वार शिक्षण-प्रशिक्षण के,सबको खुलें,
ज्ञान - विज्ञान संधान की बात हो।।

दूरियाँ बस गयी हैं, दिलों में यहाँ,
आम इन्सां से इंसान की बात हो।।

राम - रहमान बनना सभी चाहते,
अब 'कमल' भक्त हनुमान की बात हो।।

कर ऐसे आचार

डॉ० कमला माहेश्वरी 'कमल'
(पता :- बदायूँ, उत्तर प्रदेश)

जीवन के व्यापार में, कर ऐसे आचार ।
बाद मृत्यु होता रहे, सुधियों में संचार ।।

बहु विधि खिला रहा हमें, जीवन के सब खेल ।
जल-थल गगन अनिल,अनल पंचतत्व तन मेल ।।

ज्ञान-ध्यान आनन्द मिल,शान्ति करे हिय वास ।
संग समाधी ज्ञानमय , होत ईश सहवास ।।

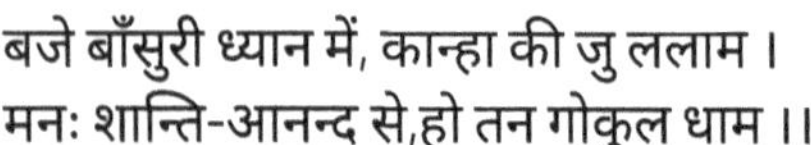

बजे बाँसुरी ध्यान में, कान्हा की जु ललाम ।
मनः शान्ति-आनन्द से,हो तन गोकुल धाम ।।

मनुज पास अज्ञान का, रहा बढ़ अन्धकार ।
इसी लिये समृद्धि पा, भी दूषित आचार ।।

सागर से गहरे बनें, ऊँचे गगन समान ।
दूषण से मिलता तभी, मानव को है त्राण ।।

लक्ष्य लब्ध नहिं होत है, पथ ना हो जो ज्ञेय ।
जब पथ मिलता हेय का,पल में मिलता श्रेय ।।

मर रही

डॉ० कमला माहेश्वरी 'कमल'
(पता :- बदायूँ, उत्तर प्रदेश)

मर रही है, नारि, टुकड़ों में, जिलाना चाहिए ।
हेरती है, आस लेकर, हक़ दिलाना चाहिए ।।

मिल रहा, दर्ज़ा है दोयम, ऑफिस-घर हर कहीं ।
ढोल पीटें, नारि-नर सम, छल मिटाना चाहिए ।।

बन गयी कुण्ठित शिला सी, क्रूरता वर्चस्व में ।
सूर्य वंशी राम सा तारक, बुलाना चाहिए ।।

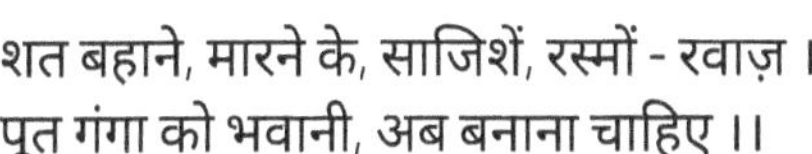

शत बहाने, मारने के, साजिशें, रस्मों - रवाज़ ।
पूत गंगा को भवानी, अब बनाना चाहिए ।।

रिस रही है, पीर - दिल में, टीसते नासूर बहु ।
ऑपरेशन या दवा-मरहम लगाना चाहिए ।।

क्यों अलग विधि,जब कि दोनों चक्र हैं रथ-गृहस्थी ।
संग मिल, तज मैं, मैमन्ता, लक्ष्य पाना चाहिए ।।

गति असंगत और आगे, अरि बनी है जाति ही ।
नारि द्वारा नारि शोषण, से बचाना चाहिए ।।

जदपि मंजिल पा गयी कुछ, पंख भी उगने लगे ।
आसमां वो भी छुए, हसरत, सजाना चाहिए ।।

तय हुआ था रूप-धारेगें, शिवा-शिव सा सदा ।
कौ ? 'कमल' फिर भेद लाया, मन मिलाना चाहिए ।।

लोकतंत्र में लोकशक्ति

डॉ० सुरेश लाल श्रीवास्तव
(पता :- अम्बेडकरनगर,
उत्तर प्रदेश)

लोकमूल्य रक्षित रखे, दे जीवन को मान।
भीमराव की देन का, करते हम गुणगान।।
शासन भारत देश में, जनमत का आधार।
संविधान की देन का, बहुत-बहुत आभार।।
सरकारें बनती यहाँ, जनमत के ही मूल्य।
मतदाता को मिला है, मताधिकार अमूल्य।।
लोकतंत्र में लोक की, शक्ति परं-सर्वोच्च।
मिला जिसे मतदान का, है अधिकार महोच्च।।
संविधान में निहित हैं, जितने भी अधिकार।
उन सब में मतदान ही, है विशेष अधिकार।।
लोकतंत्र में लोक की, ताकत परं-महान।
सरकारें बिगड़े बने, उसके ही मतदान।।
त्यागी प्रेमी गुणी को, देकर अपना वोट।
संचालन हित दीजिए, लोकतंत्र की वोट।।
बिना प्रलोभन के करें, अपने मत का दान।
वोट उसी को दीजिए, जो सच्चा इंसान।।
भय-विहीन होकर करें, मतदाता मतदान।
वोट उसी को ही करें, होवे जो हितमान।।
दीप-दान मतदान का, करिए निर्मल भाव।
चुने उसी व्यक्ति को, जिसमें हो सद्भाव।।
भारत मतदाता करें, शत-प्रतिशत मतदान।
वोट उसी को ही करें, जो होवे गुणवान।।
कभी प्रदूषित भाव से, करें वोट मत खोट।
जनहित को जो मान दे, उसको ही दें वोट।।

जीवन कर्म

डॉ० सुरेश लाल श्रीवास्तव
(पता :- अम्बेडकरनगर,
उत्तर प्रदेश)

जाना सबको पड़ेगा जहान छोड़कर।
सारी हस्ती से अपने मुख मोड़कर।
बँधना सबको पड़े मृत्यु के पाश में।
बच न पाया कोई भी इसे तोड़कर।।

एक जैसा नहीं सबका जीवन सफ़र।
कोई सुखशील है कोई दुःख की डगर।
बीते जीवन सभी के अलग ही अलग।
तन किसी का नहीं है यहाँ पर अमर।।

मौत तुमको गले से लगाएगी जब।
काम तरक़ीब कोई न आएगी तब।
पास दौलत खज़ाने का भंडार हो।
मौत की जंग में हार जाएँगे सब।।

नेक कर्मों से शुभ कीर्ति सबको मिले।
ज़िंदगी सारे जन की इसी से खिले।
कर्म अनुरूप जीवन की पहचान हो।
बाद जाने के जिससे अमरता मिले।।

ज़िंदगी पथ कोई लोकहित दौड़ता।
लोक जीवन में कोई ज़हर घोलता।
कर्म अच्छा बुरा जो भी जैसा करे।
उसके अनुसार परिणाम वह भोगता।।

आज तुम हो जहाँ कल कोई था वहाँ।
क्या पता है तुम्हें कल रहोगे कहाँ।
कर्म जैसा करे जो भी इस लोक में।
वैसा ही मान उसको मिले इस जहान।।

राष्ट्र भविष्य बच्चे

डॉ० सुरेश लाल श्रीवास्तव
(पता :- अम्बेडकरनगर,
उत्तर प्रदेश)

आओ हम सब भारत के बच्चे,
नव जीवन निर्माण करें।
सच्चे कर्मों के बलबूते,
भारत भाग्य विधान करें।
जननी जन्मभूमि की सेवा,
सबसे ऊँची सेवा है।
जीवन धन्य इसी से होवे,
आओ इसे कृतार्थ करें।।

अच्छे कर्म विचारों से हम,
माँ-पितु को महिमान करें।
शिक्षा लेकर सद्-गुणता की,
जीवन में हम मान भरें।
त्याग, प्रेम, सेवा से संयुत्,
जन ही सुन्दर होता है।
अभिलक्षित इसको ही करके,
जीवन का कल्याण करें।।

श्रमशीलित हो सच्चे पथ पर,
कीर्ति कोश को अमर करें।
मानवता का हितसाधक बन,
मूल्यों को महिमान करें।
करें सुमण्डित भारत-भू को,
अपने अच्छे कर्मों से।
जिस धरती पर पले-बढ़े हम,
जग में उसका नाम करें।।

माँ की महिमा

डॉ० सुरेश लाल श्रीवास्तव
(पता :- अम्बेडकरनगर,
उत्तर प्रदेश)

संसारी सारी निधियों में,
माँ निधि की महिमा भारी है।
हर युग में माँ का यशोगान,
जन मध्य सदा से जारी है।
जो जीवन दे पाली-पोसी,
आदर्श गुणों की दी शिक्षा।
हर जीत उसी की देनी है,
बिनु माँ के जीवन हारी है।।

नागिरक नेक निर्माण अर्थ,
माँ होती है आधारशिला।
है देनी सारी माँ की ही,
जो फूलों-सा व्यक्तित्व खिला।
गुण गरिमा मण्डित सारे जन,
महिमायित माँ से हुए सदा।
देनी सबने माँ की मानी,
जो भी उनको है मान मिला।।

माँ से निसृत है प्रेम धार,
है दया भाव माँ में अपार।
माँ शीलसिन्धु माँ गुणागार,
माँ सबसे ज़्यादा है उदार।
जग में जितने भी हैं रिश्ते,
सब जननी बलबूते मिलते।
है धन्य वही इस लोक बीच,
जिसको माँ का है मिला प्यार।।

अधिकार

बबीता माँधणा
(पता :- शालीमार,
पश्चिम बंगाल)

जीवन यात्रा के दिवस चार,
चाहे मानव चिर-अधिकार।

रेत हाथ से फिसले जैसे,
समय निकलता हर क्षण वैसे।

करें कर्म हम पावन शोभित,
भौतिक चीजें करती मोहित।

माया से हट भ्रामक प्राणी,
भजना प्रभु को मृदु हो वाणी।

अहंकार तज बढ़ना आगे,
घृणा-द्वेष तब खुद ही भागे।

भूल समझना सब कुछ अपना,
लालच ताड़े सुखमय सपना।

कर्म योग जब हृदय-अधिकार,
मिलता सबको सत्य-आधार।

नियमित अपना ज्ञान बढ़ाना,
आत्मिक-साधन हृदय बसाना।

अपने वश में सुनो अधिकार,
सच को जीना जोड़ मन-तार।।

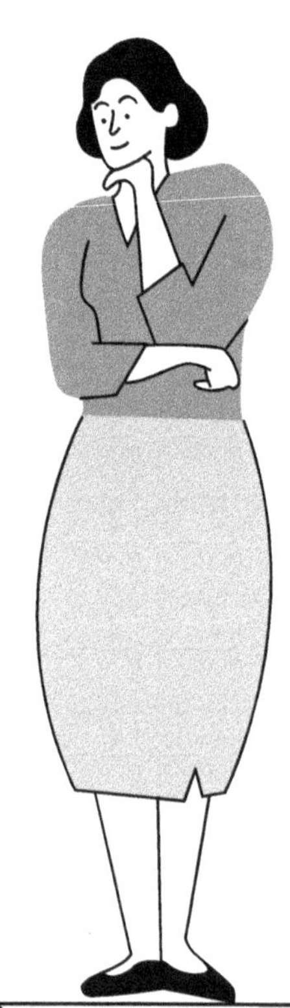

मैं मजदूर हूँ, मजबूर नहीं

डॉ० गीता पांडेय "बेबी"
(पता :- जबलपुर, मध्य प्रदेश)

एक मई मजदूर दिवस पर ,
मजदूरों का सम्मान करो ,
एक दिन नहीं तीन सौ पैंसठ दिन,
मजदूर दिवस बहाल करो।
मैं मजदूर हूँ, मजबूर नहीं,
मेहनत करता मेहनत से नहीं डरता।
दिक्कत परेशानी आती जाती ,
हम कमजोर नहीं ।
रोज सजाते नित्य नए सपने ,
रोज परिश्रम करते हैं।
झोपड़पट्टी में रहते,
सबके महल बनाते हैं।
श्रम करना हमारा कर्तव्य,
कर्तव्य से नहीं हम घबराते।
धूप, गर्मी, बरसात नहीं देखते ,
मजदूरी करना सबका पेट पालना।
हम अपना धर्म निभाते,
मैं मजदूर हूँ, मजबूर हूँ नहीं।।

इंसान को अगर ना दौलत से प्यार होता

डॉ० गीता पांडेय "बेबी"
(पता :- जबलपुर, मध्य प्रदेश)

मेरी वफा पर तुमको गर एतबार होता ।
फिर तो खिजाओ में भी जशन-ए-बहार होता ।।

इस तरह से ये रिश्ते ना टूटकर बिखरते ।
इंसान को अगर ना दौलत से प्यार होता ।।

आंखों की मैयकदे से अगर आप जो पिलाते।
ना आरजू का दिल में कोई मजार होता।।

चाहत की वादियों में हो जाते गुम अगर हम।
तुमको सुरूर होता हमको खुमार होता ।।

तू भी गजल जो लिखती दुष्यंत की तरह से।
साहित्य में तुम्हारा "बेबी" शुमार होता ।।

आज क़लम ने शिक्षकों की मन की व्यथा लिखी है

आचार्या नीरू शर्मा
(पता :- कांगड़ा, हिमाचल प्रदेश)

सुनो...सुनाते हैं तुम्हे...
आज के दौर में शिक्षक की गाथा....
बनकर शिक्षक हृदय में लेकर
अनेकों उम्मीदें-उमंगें विद्यालय में आए...
दिनभर पढ़ाते और करते विद्यालय के अनेकों काम
प्रातः से दिनभर देते ड्यूटी ये शिक्षक
विद्यालय की बस की हो ड्यूटी, गेट की या
छात्रों के डाटा ऑनलाइन लोड की निभाते सब फ़र्ज...
अनेकों लिस्ट बनाते...
ऐसे न जाने कितने ही कार्य शिक्षक सदा
मुस्कुराकर करते जाते और उफ़्फ़ तक न करते...
सभी छात्र हैं उनके अपने बच्चों समान और
उनमें सु-संस्कारों का रोपण कभी प्रेम से, कभी समझाकर,
कभी डाँट-डपट से अध्यापक सदा हैं करते...
संग अध्यापन कार्य बिन रूकावट पूर्ण हैं करते...
कितने ही कार्यक्रम...कितनी ही प्रतियोगिताओं की
तैयारी छात्रों को कराते और
विद्यालय की निश्चित अवधि से भी अधिक समय तक
विद्यालयों में काम करते...फिर
घर पर भी घंटों विद्यालय के काम अक्सर ही हैं करते...
ना दिन देखते ना रात और ना ही अपनी थकावट...
ये शिक्षक सदा मुस्कुराते और तन्मय होकर
कर्मठता से सभी कार्य पूरे करते...
दिन-रात और जीवन का पल-पल लगाकर
छात्रों का जीवन सफल बनाते...और
शिक्षक बस इतना ही चाहते कि...
छात्र हमारे सच्चे, ईमानदार मनुष्य बने और
सफलता की राह पर बढ़ते रहें...
पर देखो ज़रा...
कुछ विद्यालयों की व्यवसायिकता....

जो अपने चरम-शीर्ष पर पहुँची हुई है और
ये कानून के भी चतुर जानकार हैं...
ये रणनीतियाँ बनाकर मनमाने तरीकों से
अचानक ही शिक्षकों को नौकरी से बाहर कर देते हैं...
ये कानून को धत्ता बताते और
शिक्षकों पर बिना डरे अत्याचार हैं करते...
कहते हैं यह दिनभर खड़े रहकर तुम पढ़ाना...
लंच समय में भी ड्यूटी को निभाना...
पी० एफ० का कोई अता-पता नहीं
महँगाई भत्ता तो दूर की बात है...
न्यूनतम वेतन मानकों का भी उल्लंघन ये हैं करते...
ये रणनीति भी ऐसी बनाते कि कानूनी शिकंजों से बचने के
उपाय इनके पास सदा रहते...
और..............
शिक्षक केवल अपने विद्यार्थियों को पढ़ाने और
नित नए-नए कौशल सिखाने के संग
विद्यालय को ऊँचाइयों तक पहुँचाने के कार्य करते रहते...और
उन्हें यह तक नहीं पता होता कि
प्रबंधन की चालें क्या हैं...
शिक्षक सदा प्रबंधन के वादों पर विश्वास करके
साल दर साल नियमित होने की उम्मीद में
कर्मरत रहते हैं...
वे अपने जीवन के श्रेष्ठ वर्ष विद्यालय को देकर
अंत में बिन बात ही बाहर कर दिए जाते...जबकि
वह समय उन्हें नियमित करने का होता है...
जब शिक्षक न्याय की गुहार लगाते प्रबंधन से...
तो प्रबंधन चलते हैं अनेकों चालें...
कभी कहते कि अब उनकी ज़रूरत नहीं है...
कभी कहते वेतन देने को पैसे नहीं हैं...
कभी कहते कि तुम्हारा काम अच्छा नहीं है... और
फिर कहते कि तुम अच्छे शिक्षक हो इसलिए हम तुम्हे फिर रखते हैं पर...
तुम अब कांट्रैक्ट पर फिर नौकरी को ज्वाइन कर लो...
हम तुम्हे नियमित नहीं कर सकते हैं...

अरे...........
कोई तो समझो शिक्षकों की व्यथा को...उनके दर्द को...
क्या यही है शिक्षक की गलती कि
वे सदा ईमानदारी, विनम्रता और सच्चाई से सदा
अपना कर्म और कर्तव्य पूर्ण करते हैं...
पर सुनो, अब ऐ शिक्षकों!
तुम छात्रों को सही-गलत क्या है यह बतलाते हो,
न्याय-अन्याय का अर्थ समझाते हो...और
ख़ुद भी जानते हो कि अन्याय करने वाले से
उसे सहने वाला अधिक दोषी होता है तो अब
ख़ुद के साथ अन्याय न तुम करो...
गलत को गलत कहो... अन्याय का विरोध करो...
कानून के अच्छे और सच्चे संगी को पाकर
कानून को धत्ता बताने वालों को जवाब अब देना होगा
न तुम अपनी सच्चाई की राह छोड़ना...पर
अब कर्तव्य के संग अधिकारों का भी ज्ञान तुम रखना...
सुनो,......!!
तुमने पाया है ज्ञान जिस शिक्षक से...
आज करके अन्याय किसी शिक्षक और मानव से
तुमने अपने शिक्षक का भी झुकाया है सिर...
माता-पिता और गुरु के दिए ज्ञान और संस्कारों का भी
किया तुमने अपमान...
कैसे इनका तुम ऋण चुकाओगे...?
मानव होकर भी अमानवीय व्यवहार करके
क्या अब ख़ुद से नज़रें मिला पाओगे....?
लेकिन सुनो, ऐ शिक्षकों!
सभी प्रबंधक और प्रबंधन छल नहीं हैं करते...
कुछ अपने स्टाफ को अपना परिवार भी हैं मानते...
तुम ऐ शिक्षकों! अपना कर्तव्य और कर्म कभी न छोड़ना
सदा शिक्षक-धर्म तुम निभाना...
विद्यार्थियों को सदा विनम्रता और सही ज्ञान देकर
सच्चा नागरिक और मनुष्य तुम बनाना...
अज्ञानता को करके दूर तुम...ज्ञान की रोशनी हर ओर फैलाना।

श्रमेव जयते

कुमार सतीश
(पता :- हिसार,
हरियाणा)

खून पसीना खूब बहाया, सदियों से तू पिसता आया।
शोषण में ही बीती सदियाँ,अस्तित्व फिर भी मिट न पाया।
कर्ज-फर्ज में जीवन उलझा, खाना भी भरपेट न खाया।
लगी दिखने चालीस में अस्सी,उम्र का न भेद आया।
श्रम ही तेरी पूँजी है ,कर्म ही तेरी बस पहचान।
ढांचा तेरा कंकाल बना है,हड्डियाँ फिर भी करती गान।।

महल बनाए, भवन बनाए, झोंपड़-पट्टी जीवन बीता।
सड़क बनाई, रेल बिछाई, सफर हमेशा पैदल खींचा।
पैर में जूती न तन पर कपड़ा,कंगाली में आट्टा गीला।
मिली न चाहे रोटी खुद को, खून से अपने खेत भी सींचा।
जिंदगी सारी कर्ज में डूबी,आजीवन रहा कर्जवान।
कर्मशील तू कर्मवीर है,कर्म ही तेरी बस पहचान।
ढांचा तेरा कंकाल बना है, हड्डियाँ फिर भी करती गान।।

गर्मी आई लू ने मारा,सर्दी आई ठंड ने मारा।
बारिश में जब टपकी छत, कोने में सिमटा घर सारा।
बिलख-बिलख कर बच्चे सो गए, दोजख खाली रहा बेचारा।
दवा-दारु के पास न पैसे, तंगहाली में जीवन सारा।
कमर पेट एक हो गए, मिली न फिर भी तुझे पहचान।
कर्मशील तू कर्मवीर है,कर्म ही तेरी बस पहचान।
ढांचा तेरा कंकाल बना है, हड्डियाँ फिर भी करती गान।।

आई होली गई दीवाली, पेट तो तेरा फिर भी खाली।
निवाला घर में आया नहीं, मुँह पर कैसे आए लाली ?
बाट जोहते बच्चे रह गए, होंठ काटकर घरवाली।
कहाँ जाएँ? कैसे लाएँ? खा गई तुझको ये बेहाली।
कर्ज में सारा जीवन बीता,कर्ज ही तेरी बना पहचान।
कर्मशील तू कर्मवीर है, कर्म ही तेरी बस पहचान।
ढांचा तेरा कंकाल बना है, हड्डियाँ फिर भी करती गान।।

मतवाले

कुमार सतीश
(पता :- हिसार, हरियाणा)

अलग किस्म है इनकी मिलती,
मिले न इनके जैसी हस्ती,
बैर-द्वेष न किसी से रखते,
न दुनिया से मतलब रखते ।
अलग निराली इनकी दुनिया,
जो भी सोचें सोचने वाले ,
मदहोश हमेशा ये मतवाले।।

एक नजर से सबको देखें,
सबकी दौलत अपनी जानें,
भैंस खोल लें रात को किसकी?
ऊँट ले चलें दिन में किसका?
इज्ज़त-बेइज्जती कुछ न जानें,
न किसी से डरने वाले,
मदहोश हमेशा ये मतवाले ।।

प्रेम के अथाह सागर ये,
हक से सारे रिश्ते पाटें,
कुत्ता मुँह को चाटे तो,
ये भी बदले में चाटें ।
है इनसे बढ़कर वफादार कोई ?
सोचें कुछ भी देखने वाले,
मदहोश हमेशा ये मतवाले ।।

नाली में न गिरें शाम को,
तो काहे के पियक्कड़?
कुत्ता धार न मारे मुँह में,
तो काहे के सूरमा?
कुत्ता और आदमी में ,
जरा भी फर्क न करने वाले।
मदहोश हमेशा ये मतवाले।।

भैंस के आगे हाथ जोड़ लें,
बहनजी कहकर माफी माँग लें,
शराफत की प्रतिमूर्ति ये,
बीवी को भी बहन बना लें।
पव्वा कमरबंद से गिरे नहीं,
डगमग-डगमग चलने वाले ।
मदहोश हमेशा ये मतवाले ।।

भले बुराई दिनभर करें,
दिनभर पड़ें निढाल ये,
शाम होते ही ठिकाने पहुँचे,
मित्रता की पक्की मिसाल ये ।
जुगाड़ लगाकर इंतजाम बना लें,
दिनभर कुछ न करने वाले,
मदहोश हमेशा ये मतवाले।।

सिर चढ़ बोली सुरा जब

कुमार सतीश
(पता :- हिसार, हरियाणा)

कैसी विकट स्थिति आई,
ऐसी विकट रे देखो भाई ।
मधुशाला के किवाड़ खुल गए,
पाठशालाएँ बंद रे भाई ।
कैद घरों से छूटे नसीब,
मिली आजादी आई बहार ।
मदिरालयों के दिनबहुरे,
लंबी-लंबी जब लगी कतार ।।

मंदी की जो कमी खली थी,
नोटों की अब हुई बौछार ।
न दाल-भात चाहे सुलभ किसी को,
गर्म हुआ सुरा-बाजार ।
जश्न मना फिर आजादी का,
गले जब तर हुए रे भाई ।
धक्का-मुक्की खूब हुई ,
नियम हुए फिर तार-तार ।।

देह से दूरी गई भाड़ में,
लगे कतार में नर-औं'-नार ।
मुझे मिले बस मुझे मिले,
होने लगी ये चीख-पुकार ।
एक दो से सब्र नहीं अब,
मिलनी चाहिए तीन-औं'-चार ।
गला तर तो होना ही चाहिए,
वापिस कैसे जाएँ भाई ?

कैसी विकट स्थिति आई,
ऐसी विकट रे देखो भाई ।
मधुशाला के किवाड़ खुल गए,
पाठशालाएँ बंद रे भाई ।
सिर चढ बोली लाल परी जब,
हंगामे भी खूब हुए फिर।
खूब नचाया "लाल परी" ने,
"कौन डरे और किससे यार"?

फिर हुआ कंट्रोल ट्रैफिक तो,
कहीं ठोक कार, तोड़ी दीवार।
छाई मस्ती खूब धरा पर,
देखती रही पुलिस लाचार ।
मिली आजादी तो मचा धमाल,
काहे का डर और किससे भाई?
कैसी विकट स्थिति आई,
ऐसी विकट रे देखो भाई ।।

मधुशाला के किवाड़ खुल गए,
पाठशालाएँ बंद रे भाई ।।

पंछियों का लॉकडाउन नहीं होता

कुमार सतीश
(पता :- हिसार, हरियाणा)

दूर तलक पसरा सन्नाटा,
पेड़ों के बीच से नजर आते
अडिग, अचल, मौन शैल-शिखर ।
खामोश पर्वतों की सलेटी तराई में,
घने पेड़ों के झुरमुटों के ऊपर,
कजरारे बादलों के नीचे,
उड़ते सफेद बगुले।
ऊँचे विशाल गगन में,
गोल-गोल घूम, अटखेलियाँ करते,
चीलों की सीटीनुमा आवाज।
घने वृक्षों की शीतल छाया में,
सुस्त दोपहरी विश्राम करते,
विभिन्न पक्षियों की सुरमयी आवाजें,
कोयल की कुहु-कुहु,
मोर की पीहु-पीहु।
भरना मदमस्त उड़ारी वो,
युगल हॉर्नबिल का,
बीच-बीच में
काले कव्वै की कर्कश ध्वनि।
रंग-बिरंगी तितलियों का,
हवा के साथ-साथ झूलना,
चिड़िया की चीं-चीं,चर्र-चर्र,
घुग्गी की घु-घु-गु, घु-घु-गु।
दूर से आती सुग्गे की टें-टें-टें,
टिटहरी का टेरना।
मैना का चहकना,
डाल-डाल फुदकना।
इस बीच एक मतवाली फाख्ता का,
फड़-फड़ पंख फड़फड़ाते,
तीर की तरह सीधे आकाश की ओर चढ़ना,

और मिसाइल की तरह,
धरती की ओर आना ।
हिलोरें लेते, लहराते पेड़
ताजी हवा, ये निर्मल शांति
सचमुच कितना अदभुत है ये दृश्य।
प्रकृति के साथ
प्रकृति की गोद में
और......।।
कुछ पल के लिए
भंग करता इस शांति को
दूर आसमान में गड़गड़ाता
चिनूक हेलिकॉप्टर
तत्पश्चात.........।।
प्रकृति जैसे थम-सी गई हो
इंसान जैसे लुप्तप्राय हो गए हों ?
जैसे केवल पक्षियों का साम्राज्य हो।।
सचमुच पक्षियों की दुनिया में,
कोई लॉकडाऊन नहीं होता।।
क्योंकि ये सदैव अपनी सीमा में रहते हैं,
क्योंकि प्रकृति हमेशा नियमों का पालन करती है...।।

अर्द्ध चांदनी रात

कुमार सतीश
(पता :- हिसार, हरियाणा)

आसमान में छिटकी,
अर्दचंद्रमा की
शीतल चांदनी में,
टिम-टिम टिमटिमाते तारे।
भूतल पर खामोश, भूतहा
पेड़ों के बीच बिखरी,
चांदनी की शीत-श्वेत किरणें।
रात की गहन खामोशी को तोड़ती,
झिंगुरों की नाना आवाजें।
यदा-कदा टिटहरी की टीं-टीं-टीं,
कोतरी का कर्कश स्वर।
मोरों की पिहांऊ पिहांऊ,
सहसा कहीं श्वान की भों-भों।।
पॉपुलर के खुले-खुले पेड़ों में से,
जगमगाती मोबाइल टावरों की,
गुलाब के फूलों जैसी
सूर्ख-लाल बत्तियाँ।।
सुदूर कसौली के पहाड़ों पर,
चमकती रंग-बिरंगी रोशनियाँ,
जैसे गलबहियाँ कर रही हों ,तारों के साथ।
मिल रहे हों जैसे धरती-आकाश।।
और चीरती खामोशी को,
सड़क से आती ट्रक के टायरों की आवाज।
घने आम के पेड़ों पर,
स्ट्रीट-लाइट की रोशनी में चमकती अंबियाँ,
जैसे किसी ने सुई-धागे से पिरो दी हों,
टहनियों में।।
पास ही एन.डी.आर.एफ. के कैंप में थोड़ी हलचल,
और झिंगुरों के तीव्र होते शोर में,
लॉकडाउन के दौर में,
रात गहराती जा रही है,
"अब अंधेरे के आगोश में" ।।

उठो! भारत के युवाओं...

चन्दन केशरी
(पता :- झाझा, जमुई, बिहार)

धरती माँ की रक्षा हेतु, तुमसब मिलकर आगे आओ।
उठो! भारत के युवाओं, अब अपना कर्तव्य निभाओ।।

अब रुक जाओ पेड़ न काटो, न इसका व्यापार करो।
अपनी धरती माता पर तो, अब न अत्याचार करो।
पेड़ नहीं तो न है जीवन, अब भी तो ये जानो तुम,
आवश्यकता आन पड़ी है, पेड़ लगाना ठानो तुम।
प्यारी है धरती माता तो, सारे मिलकर पेड़ लगाओ।
उठो! भारत के युवाओं, अब अपना कर्तव्य निभाओ।।

सुख रही है नदियाँ सारी, कैसे प्यास बुझाओगे?
मुझको भी अब तुम बताओ, जल कहाँ से लाओगे?
जल है सीमित इस धरा पर, गर होती रही बर्बादी,
मिट जाएगा ये जहां तब, न रहेगी ये आबादी।
जल की बर्बादी को रोको, सारे मिलकर आगे आओ।
उठो! भारत के युवाओं, अब अपना कर्तव्य निभाओ।।

इस वायु को भी न छोड़ा, प्रदूषण फैलाया है।
अपने ही भविष्य पर अब, प्रश्न चिह्न लगाया है।
वायु में भी ज़हर घोला, साँस लोगे कैसे अब?
ऑक्सीजन ही न बचा 'गर, मर जाओगे ऐसे तब।
कितनी कीमती है वायु, अब भी तो तुम समझ जाओ।
उठो! भारत के युवाओं, अब अपना कर्तव्य निभाओ।।

बच्चे-बूढ़े जितने भी हों, सबको ये बताना होगा।
इस जीवन की रक्षा हेतु, पर्यावरण बचाना होगा।
ये संकट भी टल जाएगा, चाहे संकट भारी है।
इस ओर अब ध्यान देना, हमारी जिम्मेदारी है।
सारे एक साथ आकर, धरती माता को बचाओ।
उठो! भारत के युवाओं, अब अपना कर्तव्य निभाओ।।

धन्यवाद

www.ingramcontent.com/pod-product-compliance
Lightning Source LLC
LaVergne TN
LVHW021140160826
845679LV00023B/1977

* 9 7 9 8 8 9 4 4 6 1 2 0 5 *